처음 공부하는 신학자 시리즈 01

처음 공부하는 조나단 에드워즈

창조, 타락, 구속, 천국 이야기

다함
도서출판 **함** 은

1. **다**윗과 아브라**함**의 자손
아브라함과 다윗의 자손으로, 하나님 구원의 언약 안에 있는 택함 받은 하나님 나라 백성을 뜻합니다.

2. 마음과 뜻과 힘을 **다하여** 하나님을 사랑하라
구약의 언약 백성 이스라엘에게 주신 명령(신 6:5)을 인용하여 예수님이 가르쳐 주신 새 계명
(마 22:37, 막 12:30, 눅 10:27)대로 마음과 뜻과 힘을 다해 하나님을 사랑하겠노라는 결단과 고백입니다.

사명선언문
1. 성경을 영원불변하고 정확무오한 하나님의 말씀으로 믿으며, 모든 것의 기준이 되는 유일한 진리로 인정하겠습니다.
2. 수천 년 주님의 교회의 역사 가운데 찬란하게 드러난 하나님의 한결같은 다스림과 빛나는 영광을 드러내겠습니다.
3. 교회에 유익이 되고 성도에 덕을 끼치기 위해, 거룩한 진리를 사랑과 겸손에 담아 말하겠습니다.
4. 하나님 앞에서 부끄럽지 않도록 항상 정직하고 성실하겠습니다.

처음 공부하는 조나단 에드워즈
창조, 타락, 구속, 천국 이야기

초판 1쇄 인쇄 2023년 03월 06일
초판 1쇄 발행 2023년 03월 20일

지은이 | 조현진, 김성태

교 정 | 정승아
디자인 | 장아연
펴낸이 | 이웅석
펴낸곳 | 도서출판 다함
등 록 | 제2018-000005호
주 소 | 경기도 군포시 산본로 323번길 20-33, 701-3호(산본동, 대원프라자빌딩)
전 화 | 031-391-2137
팩 스 | 050-7593-3175
블로그 | https://blog.naver.com/dahambooks
이메일 | dahambooks@gmail.com

ISBN 979-11-90584-69-2 [04230] | [세트] 979-11-90584-68-5 [04230]

처음 공부하는

조나단
에드워즈

창조, 타락, 구속, 천국 이야기

조현진, 김성태 지음

다함
도서출판

목차

제1부. 에드워즈의 삶

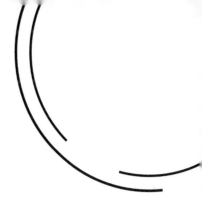

추천사

조나단 에드워즈의 삶과 신학에 대해서는 이미 다양한 연구서들
이 출간되었지만, 이번에 두 분의 에드워즈 전문가들에 의해 출
간된 새로운 연구서는 한국의 독자들에게 특별한 의미를 준다.

먼저 저자들은 여느 에드워즈 전기서들처럼 에드워즈의 삶을
연대기적으로 서술하기보다는 청년기와 그 이후의 시기로 구
분한 후 청년 에드워즈에게서 볼 수 있는 다채로운 측면을 간략
하면서도 충실하고 묘사하고, 장년기의 에드워즈를 목회자와
아버지, 남편으로 구분한 후 그 안에서 구체적인 측면을 나누어
살핌으로써 에드워즈라는 인물을 마치 무수한 컷팅면을 가진
다이아몬드처럼 다채롭고 찬란한 빛을 발하는 모습으로 연상
시킨다.

또한 저자들은 전통적인 조직신학적 주제가 아닌 창조, 타락, 구속 그리고 밀레니엄과 천국이라는 세계관적 측면에서 에드워즈의 신학과 사상에 접근하는데, 이는 현대 교회 안에서 활발하게 논의되고 있는 주제로서 실제적 성도의 삶에 좋은 길잡이가 되리라 생각한다. 마지막으로 고통의 문제에 대한 에드워즈의 견해를 배치한 것은 그리스도로 말미암아 구속된 현실과 천국에 대한 소망을 가지고 살아가면서도, 고난을 피할 수 없는 현실 속에서 고민하고 있을 신자들에게 주는 위로의 메시지가 될 것이다. 특히 고난의 문제를 다루면서 에드워즈가 가진 전통적이로 청교도적인 경건에서 비롯되는 신앙적인 접근법과 에드워즈 특유의 인식론과 신하방법론을 사용한 신학적 사요가 결합된 모습을 잘 보여줌으로써 고난에 처한 성도들에게 더욱 설득력 있는 위로와 대안을 제시한다.

마지막으로 책의 각 장(chapter)의 마지막에는 해당 주제에 대하여 더 깊이 연구하기를 원하는 이들을 위한 친절한 안내까지 주어져 있는 친절을 베풀고 있다. 조나단 에드워즈의 삶과 신학에 입문하기를 원하거나 더 깊이 알고자 하는 이들에게 이 책은 좋은 길잡이가 되리라 생각하며 일독하기를 적극 추천한다.

김효남
(은가람개혁교회 목사, 총신대학교 신학대학원 역사신학 교수)

교회사의 최고봉으로 여겨지는 18세기 미국의 목회자-신학자의 모범인 조나단 에드워즈에 대한 조현진 교수님과 김성태 박사님의 본서의 출간을 축하하며 기쁘게 추천한다. 두 분은 필자가 한국 조나단 에드워즈 컨퍼런스의 디렉터로서 사역하면서, 지난 9년간 한국의 에드워즈 연구와 보급에 함께 동역하셨고, 그간 에드워즈 연구에 매진해오신 경건한 학자요 목회자들이다.

본서는 에드워즈의 방대한 신학 세계를 개혁주의 관점에서, 그분의 경건성과 함께 신학적 개혁주의 세계관인 창조-타락-구속-완성의 체계 속에서 제시한 친절하고 심도있는 저서이다. 특히 저자들은, 본서의 핵심이라고 할 수 있는 개혁주의 세계관적 접근을 통해서, 에드워즈의 신학 체계가 범신론과 이신론에 함몰되지 않은 창조 교리, 원죄와 전적 타락을 인정한 타락 교리, 율법폐기론과 알미니안주의를 반대하는 구속 교리, 밀레니엄과 천국에 대한 완성 교리 등을 적절하게 제시하고 있다. 동시에 저자들은 에드워즈가 당대의 세계관에 대해 비판적 대응을 하면서 동시에 창조적으로 차용하는 사상가였음을 간과하지 않았다. 이런 점에서 본서는 혹자들이 에드워즈의 개혁주의 전통에 대해 의심하는 것에 대한 적절하고 구체적인 학문적 답변이라고 할 수 있다.

아울러 본서가 단순히 신학자와 목회자만을 위한 책이 아니라 성도를 위한 저서라는 사실을 목회자의 마음으로 저술한 흔적에서, 특히 에드워즈의 경건성과 고통의 문제에 대한 접근에서 알 수 있습니다. 펜데믹 시대로 고통 중인 독자들에게 통찰과 격려를 제시한다.

본서를 통해서 한국 교회의 모든 성도가 에드워즈의 경건성과 함께 그 분이 제시한 개혁주의적 신학과 세계관의 아름다움을 발견하고, 나아가 그 분을 사용하신 삼위일체 하나님을 만나는 귀한 저서가 되길 바란다.

심현찬
(한국 조나단 에드워즈 컨퍼런스 디렉터, 미국 워싱턴 트리니티 연구원장)

조나단 에드워즈의 좋은 글은 그의 탁월함을 증명하기보다는 그가 사모하고 추구한 하나님의 영광과 예수 그리스도의 복음을 선명하게 드러내는 글이다. 이 책은 에드워즈가 힘쓴 실천적 경건과 그가 순복한 하나님의 주권적 영광과 그가 경험한 예수 그리스도의 아름다우심과 그가 추구한 교회의 순결함과 그가 역사를 바라본 성경적 세계관을 냉철하게 분석하고 뜨겁게 적용함으로써 독자들을 하나님과 예수 그리스도께 인도하는 힘이 있다.

한동수
(웨스트민스터 신학대학원대학교 역사신학 교수)

서문

이 책은 18세기 뉴잉글랜드의 신학자이자 목회자인 조나단 에드워즈(Jonathan Edwards, 1703-58)의 세계관을 중심으로 그의 신학을 기술한 책입니다. 이미 에드워즈의 생애와 사상을 다루는 많은 책이 출판되었으며 한국교회의 많은 관심을 받아왔지만, 에드워즈의 방대한 저술만큼이나 그의 신학에 관한 다양한 해석이 공존하기에 에드워즈를 지나치게 경계하거나 섣부르게 판단하기도 합니다. 이 책은 에드워즈의 신앙과 삶이 얼마나 경건했는지, 그의 신학이 개혁주의 입장에서 충분히 기술되었는지를 보여줄 것입니다. 이 책을 통해 에드워즈에 대한 선입견을 거두게 되면, 에드워즈가 바라본 탁월한 하나님과 그분의 나라를 마주하게 될 것입니다.

처음 공부하는 조나단 에드워즈

이 책의 1부에서는 에드워즈의 개인적인 삶을 소개합니다. 청년 시절 에드워즈의 삶과 신앙을 그의 결심문과 일기, 신앙 에세이와 편지 등을 통해 재구성함으로써 그가 얼마나 신실하게 신앙의 결단을 하고 자신을 점검하며 경건한 삶을 추구했는지를 확인할 것입니다. 에드워즈는 신실한 목회자이자 자녀의 신앙교육에 관심을 가진 아버지인 동시에 사랑꾼 남편이었습니다. 동시에 그는 강력한 설교자이며 마음이 따뜻하고 예절 바른 사람이었습니다.

2부에서는 개혁주의 세계관, 즉 '창조-타락-구속-완성'을 중심으로 에드워즈의 신학 사상을 기술했습니다. 에드워즈는 각 주제를 정통 기독교 입장에서 수용할 뿐만 아니라 계몽주의 시대의 이성을 적극 활용하면서 신학적 개념들을 표현합니다. '창조'는 삼위일체 하나님의 무로부터의 창조를 소개하며, 창조의 목적을 통해 범신론과 이신론에 함몰되지 않는 기독교 고유의 창조에 대한 입장을 보여줍니다. '타락'은 완전하고 선한 창조에서 발생한 원죄와 전적 타락을 개혁주의 입장에서 지지하며, 하나님의 주권과 인간의 책임이 양립 가능한 좌표를 제공합니다. '구속'은 율법폐기론과 알미니안주의의 위협에 대응하여 개혁주의 토대에서 삼위일체 하나님이 참여하는 구속 사역을 보여줍니다. '완성'은 에드워즈가 이해한 밀레니엄과 천국을 소개합니다. 그는 문명의 진보와 발전을 지지하는 포스트 밀레니엄 사상과 영원한 천국과 지옥을 지지합니다.

3부 '고통의 문제'에서는 코로나19 상황 가운데 에드워즈가 생각한 고통의 문제를 검토했습니다. 책의 내용 중 일부는 이미 학술지를 통해 학계에서 발표된 내용이지만, 문체와 내용을 수정하여 더욱 많은 독자들에게 소개하고자 했습니다.

마지막으로 조나단 에드워즈를 통해 알게 된 김성태 박사님과 함께 작업할 수 있음은 큰 기쁨이고 감사의 제목이었습니다. 김성태 박사님과 함께하며 에드워즈에 대한 참신한 시각을 공유할 수 있었고 많은 것을 배울 수 있었습니다. 특별히 김 박사님의 세밀한 마무리 작업으로 인해 이 책은 더욱 빛을 보게 되었습니다. 에드워즈에게 관심을 가진 많은 이들에게 이 작은 책이 도움이 되기를 소망합니다.

2023년 1월 어느 날
한국성서대학교 연구실에서
저자 대표 조현진

제 1 부
에드워즈의 삶

처음 공부하는 조나단 에드워즈

1. 청년 에드워즈

이 글은 청년 **조나단 에드워즈**(Jonathan Edwards, 1703-58)의 경건한 삶의 태도를 소개하려고 한다. 우리가 에드워즈의 은사와 지성을 흉내 내거나 따라하는 것은 쉽지 않다. 그뿐만 아니라 하나님은 우리가 에드워즈의 대용품이나 모조품이 되기를 원하지 않으신다. 그러나 에드워즈의의 우선순위와 태도는 그리스도를 향하는 우리 삶의 나침반 역할을 할 것이다. 에드워즈는 결심문(Resolutions)을 19세 때인 1722년 12월부터 1723년 8월까지 기록하고, 일기(Diary)를 1722년 12월 18일 시작해서 1725년 11월 16일까지 이어간다. 그 이후 10년 동안은 여섯 편의 짧은 일기만 있을 뿐이다. 또한 젊은 시절을 돌아보는 신앙 에세이(Personal Narrative)를 쓴다. 그의 신앙적 경험과 고뇌

를 담은 그의 작품들은 영적 학술지로서 충분히 가치가 있다.[1]
그의 **결심문, 일기,** 그리고 **신앙 에세이**를 종합하여 청년 에드
워즈의 삶에 대한 태도를 재구성해보자.

(1) 에드워즈의 젊은 시절

조나단 에드워즈는 미국 역사에서 인정받는 위대한 부흥
운동가, 설교자, 선교사, 철학자, 신학자이다. 그는 1703년 10월
5일에 이스트윈저(East Windsor)에 있는 목회자 가정에서 태
어났는데, 열한 자녀 중 유일한 사내아이였다. 그의 아버지 티
모시 에드워즈(Timothy Edwards, 1669-1758)는 하버드대학
에서 신학을 마쳤고(M. A.) 60년 사역 동안 코네티컷에서 가장
학식 있는 목사 중 한 명이었다.[2] 에드워즈는 티모시에게 성경,
개혁주의 신학, 그리스-로마 고전을 배웠다. 그는 당시 통용되
는 방식을 따라 여섯 살 때에 라틴어를 배우기 시작했다. 열두
살에 라틴어, 그리스어를 읽을 줄 알았고 히브리어를 조금 배웠

---

1 Donald S. Whitney, "Pursing a Passion for God through Spiritual
   Disciplines: Learning from Jonathan Edwards," in *A God-Entranced
   Vision of All Things*, eds., John Piper and Justin Taylor (Wheaton,
   Illinois: Crossway Books, 2004), 119-20.

2 Michael J. McClymond and Gerald R. McDermott, *The Theology of
   Jonathan Edwards* (New York: Oxford University Press, 2012), 23.

다.[3] 그는 12살 때 티모시가 목회하는 동안 몇 차례의 부흥이 일어난 것을 목격한 후에, 메리(Marry, 14살)에게 편지를 써서 부흥의 결과를 알렸다.

> 사랑하는 누나에게
> 이곳에는 하나님의 놀라운 자비와 선함을 통해 놀라운 감동이 있어. 하나님의 영이 부어졌고, 지금도 그래. 어느 정도 약해진 것 같지만, 더 약해지지 않았으면 좋겠다. 열세 명 정도가 온전한 성찬(full Communion)에 참여했어(1716년 5월 10일).[4]

에드워즈는 어린 시절부터 자신의 영혼에 관해 다양한 관심을 가지고 훈련했다. 대학 가기 전에 경험한 놀라운 각성(awakening)의 시기를 이렇게 회고한다.

> 나는 여러 달 동안 많은 은혜를 받았고, 신앙과 영혼 구원에 관해 관심을 가졌고, 임무에 충실했다. 나는 하루에 다섯 번씩 매일 은밀하게 기도했고, 다른 또래 친구들과 신앙에 관해 많은 이야기를 하며 시간을 보내고

---

3 McClymond and McDermott, *The Theology of Jonathan Edwards*, 24; Iain H. Murray, 『조나단 에드워즈 삶과 신앙』, 윤상문 역 (서울: 이레서원, 2006), 58.

4 Jonathan Edwards, "Letters," WJE 16:29.

처음 공부하는 조나단 에드워즈

함께 모여 기도하곤 했다. 나는 알지 못했던 신앙의 기쁨을 경험했다. 내 마음은 그것에 몰두했고 스스로 옳다고 확신하는 즐거움을 많이 경험했다. 또한 풍성한 경건 생활에 기뻤다.[5]

에드워즈는 13번째 생일을 하루 앞두고 1702년에 세워진 코네티컷 대학에 입학했다(1716년 10월).[6] 에드워즈는 뉴 헤이븐(New Haven)에서 아버지 티모시에게 자신을 "가장 충성스러운 아들"(most dutiful son)로 표현하며, 감사하는 마음과 함께 편지를 보냈다(1719년 7월 24일).

나는 두 권의 책과 함께 7월 7일자 편지를 잘 받았어요. 최고의 조언과 권면에 감사해요. 하나님이 나를 도와주셔서 아버지의 조언과 권면대로 하고 싶어요. … 나는 커틀러 교수의 지도에 매우 만족해요. 그는 우리에게 매우 정중하며, 학교 질서를 유지하고 학문적으로 뛰어나요. 그분에게 지도 받는 모든 학생이 그를 존경하고 사랑해요. 학교에서나 마을에서도 커틀러는 학장답다고 칭송을 받아요. … 나에게 다른 어떤 것보다 필요한 『사고의 기술』(The Art of Thinking)을 보내주세요.[7]

---

5 Jonathan Edwards, "Personal Narrative," WJE 16:790-91.

6 Murray, 『조나단 에드워즈 삶과 신앙』, 67, 71.

7 Jonathan Edwards, "A3. Letter to Timothy Edwards, July 24, 1719," in WJE 32.

에드워즈 시대에 최고의 교육을 받은 많은 사람은 인간의 지적, 도덕적 능력을 부정하지 않고 칼빈주의적 전통에 의문을 제기하였다. 에드워즈는 로크(John Locke, 1632-1704)와 같은 당시 철학자들의 사상을 접하기 전, 칼빈주의 유산의 모순에 대한 기본적인 반감과 씨름했다.[8] 그는 어려서부터 하나님의 절대 주권 교리에 거부감을 가졌다. 하나님이 어떤 이는 영생 주기로 선택하고 어떤 이는 영원히 지옥에서 고통 받게 한다는 것을 끔찍하게 생각했다.[9] 그런데 에드워즈는 처음으로 하나님의 은혜를 맛본 1721년 봄부터 하나님을 진정으로 사랑하고 기뻐했다. 그는 하나님의 거룩한 아름다움을 깨닫고 하나님의 주권교리를 더 이상 끔찍하게 생각하지 않았다.[10] 오히려 하나님의 공의와 합리성을 긍정했다. 자세히 설명할 수 없지만 성령 하나님의 특별한 감동이라고 확신했다.[11] 에드워즈는 자신의 인생에서 경험한 첫 번째 내적이고 신적인 달콤함을 이렇게 기록한다.

---

8 George M. Marsden, 『조나단 에드워즈와 그의 시대』, 정상윤 역 (서울: 복있는 사람, 2009), 45-46.

9 Edwards, "Personal Narrative," WJE 16:791-92.

10 Whitney "Pursing a Passion for God through Spiritual Disciplines," 112; McClymond and McDermott, *The Theology of Jonathan Edwards*, 24.

11 Edwards, "Personal Narrative," WJE 16:792.

처음 공부하는 조나단 에드워즈

하나님의 달콤한 기쁨과 신적인 것들에 대해 처음으로 느꼈던 것은 "영원하신 왕 곧 썩지 아니하고 보이지 아니하고 홀로 하나이신 하나님께 존귀와 영광이 영원무궁하도록 있을지어다 아멘"(딤전 1:17)을 읽고 있을 때였다. 하나님의 영광에 대한 새로운 감각이 내 영혼에 파고들고 퍼졌다. 이전에 경험하지 못한 감각이다. 성경의 다른 어떤 구절도 나에게 이처럼 생생하게 다가온 적이 없었다. 나는 속으로 하나님이 얼마나 탁월한 분인지, 그리고 내가 이 하나님을 기뻐하고 천국에서 하나님이 나를 감싸고 품어준다면, 얼마나 행복할지를 속으로 생각했다. 나는 이 구절(딤전 1:17)을 스스로에게 계속 말하고 노래를 불렀다. 그리고 하나님을 기뻐할 수 있도록 기도했다. 이전과 매우 다른 새로운 종류의 감정(affection)으로 기도했다.[12]

그는 1719년 예일 대학 재학시절에 그의 부인 사라 피어폰트(Sarah Pierpont, 1710-58)를 처음 만난다. 그녀는 우아하고 단아하며 매력적인 여성이었다. 그녀의 아버지는 목사이며 예일 대학의 설립 이사였다. 에드워즈는 대학에서 문법, 수사학, 논리학, 고대 역사, 대수학, 기하학, 천문학, 형이상학, 윤리학, 자연 과학을 배우고 16세에 졸업했다(1720년). 그는 대학원을 마친 후 뉴욕의 영국 장로교회에서 8개월 동안 설교사역을

---

12 Edwards, "Personal Narrative," WJE 16:792-93.

했다(1722년 8월-1723년 4월). 에드워즈가 설교한 교회는 맨해튼 섬 끝 쪽에 위치해 있었다. 에드워즈는 예일 대학에서 석사 학위를 마치며 졸업생 대표로 고별 연설을 했다(1723년 9월).[13]

에드워즈는 코네티컷의 볼턴(Bolton)에서 짧게 사역한 후, 예일 대학의 주임교수로 초빙을 받았다(1724년 5월). 그 후 외조부인 솔로몬 스토다드(Solomon Stoddard, 1643-1729)의 부교역자로 노스햄턴에 합류하고(1727년), 사라 피어폰트와 결혼했다(1727년 7월). 에드워즈는 스토다드가 세상을 떠난 이후 노스햄턴 교회를 담임했다(1729년 2월).[14]

(2) 에드워즈의 삶의 태도

청년 에드워즈는 하나님의 영광을 위해 최고의 가능성을 실현하고자 노력했다. 이것은 자신의 시대에 가장 완벽한 기독교인이 되기를 소망하는 당연한 바람일 것이다. 이를 위해 그는 피나는 노력을 하고 모든 생각과 행위를 하나님께 바쳤다. 에드

---

13 George S. Claghorn, "Editor's Introduction," WJE 16:745; McClymond and McDermott, *The Theology of Jonathan Edwards*, 24-26.

14 Stephen J. Nichols "Jonathan Edwards: His Life and Legacy," in *A God-Entranced Vision of All Things*, eds., John Piper Justin Taylor (Wheaton, Illinois: Crossway Books, 2004), 49; McClymond and McDermott, *The Theology of Jonathan Edwards*, 26-27.

처음 공부하는 조나단 에드워즈

워즈의 젊은 시절 일기와 결심문은 우리에게 그의 초기 영적 고뇌와 자기 훈련을 잘 보여준다. 반면, 신앙 에세이는 젊은 시절을 회고하는 성숙함이 묻어난다. 에드워즈의 결심문에서 발견할 수 있는 그의 삶의 태도는 **하나님에 대한 의존성, 자신에 대한 엄격함, 이웃에 대한 관대함**이다. 그는 자신의 결심대로 살아가려고 전능하신 하나님에게 끊임없이 의지했다.[15]

1) 하나님에 대한 의존성(dependency)

- 영원토록 하나님의 영광과 나 자신의 선, 유익, 기쁨을 위해 최선을 다 하겠다(1).[16]
- 하나님의 영광을 위한 창의적이고 구체적인 방법을 지속적으로 추구하겠다(2).
- 하나님의 영광을 위하지 않는 것은 영혼이나 몸을 위해 어떤 것도 하지 않겠다(4).
- 하나님의 영광을 위하지 않는 의도적인 행위들을 추적하여 원래의 의도, 계획, 목적을 살피겠다. 만약 하나님의 영광을 위하지 않는다면 네 번째 결심을 어긴 것이다(23)
- 내 안에 하나님의 사랑을 의심하게 하는 것이 무엇인지 조심스럽게 끊임없이 점검하고 힘을 다해 맞서겠다(25).

---

15 Claghorn, "Editor's Introduction," WJE 16:741-43, 747-48.

16 Jonathan Edwards, "Resolutions," WJE 16:753-55. 757-58. 괄호 안의 숫자는 결심문의 번호이며, 주제에 맞게 재구성하였다.

- 하나님의 영광을 위해 해야 할 것을 고의적으로 외면하지 않으며, 내가 해야 할 것을 하지 않았는지 자주 살펴보겠다(27).
- 가장 행복한 마음상태에서 내가 가진 모든 기회를 발전시키고, 내 영혼을 그리스도에게 맡기고 나 자신을 하나님에게 바치겠다(53).
- 내 힘을 다해 하나님의 영광을 위해 최선을 다하겠다(63).
- 내 평생 동안 가장 열린 마음으로 하나님을 향한 나의 길을 선포하고 나의 영혼을 하나님에게 열어 놓겠다(65).

에드워즈의 결심문은 하나님에 대한 의존적 삶을 잘 담아낸다. 그는 일기에서 이렇게 말한다.

나는 엄숙하게 세례언약을 갱신했고, 교회의 회원으로 받아들여질 때를 갱신했다. 나는 나 자신을 하나님께 드렸다. 따라서 어떤 면에서 내 자신의 것이 아니며, 소유권을 이전했으니 내가 요구할 권리가 없다. 나는 내 안에 있는 나의 이해, 의지, 감정(affections), 몸, 지체, 언어, 손, 발, 그리고 눈, 귀, 냄새, 맛 등에 대해 이의제기할 권리가 없다. 만약 내가 나의 힘과 능력을 하나님의 영광 외에 다른 것에 사용한다면, 내가 최소한의 고난에 불평하거나 다른 사람의 번영을 슬퍼한다면, 이것은 내가 내 소유인 것처럼 행동한 것이다. 너무 지속적인

> 절제와 종교에 대한 열정적인 적용은 건강을 해칠 수
> 있다는 이야기를 들었지만, 나의 열정은 멈추지 않을
> 것이다. 건강에 이상이 생기지 않는다면 아무리 피곤해
> 도 상관없다(1723년 1월 12일).[17]

에드워즈는 고린도전서 1장 29-31을 근거로 "사람의 의존을 통해서 영광 받으시는 하나님"(God Glorified in Man's Dependence)을 설교했는데(1730년 가을), 하나님을 향한 인간의 태도를 의존성으로 규정한다. 즉, 하나님은 우리가 아직 회개하기 전에, 우리에게 아무런 공로가 없을 때, 가장 자유롭게 우리에게 구원을 선물로 주신다. 우리는 구속의 모든 단계를 통해 하나님의 능력을 의존한다. 예수 그리스도 안에서 믿음과 새로운 본성을 주는 하나님의 능력을 의존한다. 따라서 인간은 타락하기 전보다 하나님의 은혜를 더 많이 의존하고 있다. 우리가 처음 언약보다 하나님의 선을 더 의존하기 때문에, 우리는 훨씬 더 크게 자유롭고 놀라운 선을 의존할 수 있다.[18]

조나단 에드워즈의 하나님 의존적 태도는 동시대에 인물인 벤자민 프랭클린(Benjamin Franklin, 1706-90)과 비교할 때 더욱 두드러지게 나타난다. 에드워즈와 프랭클린이 살았던 18

---

17 Jonathan Edwards, "Diary," WJE 16:762-63.

18 Jonathan Edwards, "God Glorified in Man's Dependence," WJE 17:202-05.

세기는 계몽주의와 청교도가 갈등하던 때이다. 두 사람 모두 청교도 유산과 계몽주의의 가치를 공유했지만, 전혀 다른 지적 체계를 개발했다. 에드워즈는 목사이며 설교자였는데, 프랭클린은 정치가이자 외교관이었다. 에드워즈는 엄격한 칼빈주의자, 초자연주의자, 성경학자, 예리한 신학자, 강력한 논객(polemicist)이었다. 반면 프랭클린은 이신론자이자 자연주의자였다.[19]

미국 문화에서 프랭클린은 양키(Yankee)를 대표한다. 프랭클린과 미국 자유 공화당에서 지지하는 양키의 속성은 "근면", 독립적인 "덕", 공리주의적 "자기 행복"의 삼위일체를 중심으로 통합된다. "하나님은 스스로 돕는 자를 돕는다"라고 말한 프랭클린에게 행복 추구는 자기 의존을 통한 자기 성취이다. 즉, 자기 중심적이다. 반면, 에드워즈는 청교도(Puritan)를 대표한다. 미국 복음주의에서 지지하는 청교도 가치관은 하나님, 공동의 신앙, 자기 부인이다. 그는 자기 의존이 아니라 하나님에 대한 의존을 통해 목표를 성취하는 하나님 중심주의를 지지했다. 즉, 하나님이 중심에 있을 때 자아가 실현되고 성취되며 가장 행복하

---

19 William Breitenbach, "Religious Affection and Religious Affectations," in *Benjamin Franklin, Jonathan Edwards, and the Representation of American Culture*, eds., Barbara B. Oberg and Harry S. Stout (New York: Oxford University Press, 1993), 13-14.

처음 공부하는 조나단 에드워즈

다.[20] 마스던은 프랭클린과 에드워즈를 이렇게 비교한다.

> 프랭클린은 자기 시대의 진보적인 문화를 철저하게 끌
> 어안았고, 성공을 위해 그만큼 철저하게 자신의 가족,
> 종교, 지역을 저버렸다. 에드워즈도 동일한 도전에 직
> 면했지만 옛 신앙을 고수하는 쪽을 택했다. 그러나 보
> 수주의자로서 고수한 것이 아니라 차가운 프랭클린처
> 럼 혁신가로서 고수했다. 이처럼 계몽주의라는 차가운
> 이성의 시대에 열렬히 칼빈주의를 고수한 그의 선택은
> 뛰어난 창조성이라는 결과를 낳게 되었다.[21]

프랭클린과 에드워즈의 결심문을 비교해보자. 에드워즈
전집 16권의 편집자인 조지 S. 클래그혼(George S. Claghorn)
에 따르면, 결심문의 작성은 18세기 교육받은 사람들의 표준 관
행이다. 프랭클린은 13개를 결심했고, 에드워즈는 70개를 결심
했다. 프랭클린의 결심문은 그의 관심이 이 세상과 훌륭한 시민
의 준비에 있다는 것을 알 수 있다. 프랭클린에게 기도는 일상
생활에서 중요한 부분을 차지하지 않았다. 그의 목적은 자기실
현에 있다. 반면, 에드워즈는 청교도의 모범에 남아있고 하나님

---

20 Barbara B. Oberg and Harry S. Stout eds., *Benjamin Franklin,
Jonathan Edwards, and the Representation of American Culture*
(New York: Oxford University Press, 1993), 4; Nichols "Jonathan
Edwards: His Life and Legacy," 52.

21 Marsden, 『조나단 에드워즈와 그의 시대』, 21.

의 개입이 없는 인간을 연약한 죄인으로 표현했다. 에드워즈의 결심문은 이렇게 시작한다.

나는 하나님의 도움이 없다면 아무 것도 할 수 없다는 것을 의식하며, 결심이 그리스도를 위하여 하나님의 뜻에 상응하는 한, 나는 내가 이 결심을 지킬 수 있도록 은혜를 간구하겠다.

이것은 하나님을 의존하는 그의 태도를 잘 보여준다.[22] 물론 에드워즈가 그의 결심문을 완벽하게 실행한 것은 아니다. 결심 이후의 1, 2년의 기록을 보면, 바닥에 떨어지기도 하고 침체를 겪기도 했다. 조심했지만 여전히 정욕이 통제되지 않아 마음이 흔들릴 때도 있었다. 그러나 자기부인을 은혜롭게 실천한 후에는 이전보다 훨씬 큰 기쁨과 즐거움을 경험하기도 했다. 자기부인(self-denial)은 경건한 자들에게도 결코 쉽지 않다. 그러나 자기부인은 슬픔의 뿌리와 토대를 파괴하며, 슬픔과 고통스러운 환부를 도려내며 수술의 고통에 대한 보상으로 건강을 회복시킨다.[23]

---

22 Claghorn, "Editor's Introduction," WJE 16:742-43, 753.

23 Jonathan Edwards, "The Pleasantness of Religion," WJE 14:106.

처음 공부하는 조나단 에드워즈

2) 자신에 대한 엄격함(austerity)

> • 에드워즈는 우선순위를 하나님에게 두면서 이를 위해 자신을 향한 의무에 최선을 다하겠다(1).
> • "충성된 자를 누가 만날 수 있으랴"(잠언 20:6)라고 한 말씀이 자신에게 성취되도록 엄격하고 견고한 충성을 다하겠다(32).

에드워즈는 어떻게 하면 더 거룩해지고, 더 거룩하게 살수 있는지, 하나님의 자녀와 그리스도의 제자답게 될 수 있는지를 밤낮으로 끊임없이 고민하며 몸부림쳤다. 그는 이전보다 더 진지하게 은혜와 거룩함을 추구하며, 자신을 살펴보고 방법과 수단을 연구하고 고안했다. 이것은 자신에게 주어진 시간, 건강, 지적 능력을 최대한 개발하는 하나님 의존적 제자의 삶을 잘 보여준다. 에드워즈는 왜 자신에게 엄격했을까? 역설적이게도 그는 자신의 연약함을 인정했기 때문이다. 그는 일기에서 "나 자신에게 의존할 것이 없다. 우리는 어느 날 최고의 결심을 할 수 있지만, 다음날 비참한 죽음의 상태에 이를 수 있다"(1723 1월 2일)라고 고백한다.[24] 그러나 믿음의 여정은 후퇴하지 않았다.

---

24 Edwards, "Resolutions," WJE 16:753, 755, 760; "Personal Narrative," WJE 16:795.

내 힘을 너무 의존하여 나중에 나에게 더 큰 피해를 입혔다. 나의 경험은 그때까지 모든 방식에서 너무 약하고 무력하다는 것, 내 마음 속에 있는 헤아릴 수 없는 은밀한 부패와 속임수를 나에게 가르쳐주지 못했다. 그러나 나는 더 많은 거룩함과 그리스도에 대한 달콤한 순응을 열렬히 추구했다.[25]

① 시간 관리

- 한 순간을 허투루 쓰지 않겠다. 내가 할 수 있는 가장 유익한 방법으로 향상시키겠다. 웃어른들이 다시 산다면 그들이 어떻게 살 것인가를 자주 듣겠다. 노년까지 살면서 그렇게 했더라면 좋았을 것이라고 생각한대로 살겠다(5)
- 살아 있는 동안 온 힘을 다해 살겠다(6).
- 죽을 때까지 내가 나의 소유가 아닌 것처럼 행동하고, 전적으로 하나님의 소유라는 것을 기억하겠다(43).

시간 관리는 에드워즈의 주된 관심사이다. 그는 아침 일찍 무덤에서 부활한 그리스도가 아침에 일찍 일어날 것을 권했다고 생각했다(1728년 1월). 에드워즈는 매일의 시간을 하나님께 봉사하며, 공부에 매진했다. 여름에는 오전 4시에, 겨울에는 5시에 일어나서 하루에 약 13시간 활용했다. 그는 수면을 잠재

---

25 Edwards, "Diary," WJE 16:795.

적 시간낭비로 여기고, 어떤 일에 집중할 때는 식사를 거르기도 했다. 자신의 체질적 한계를 뛰어넘으려고 애썼고, 운동 삼아 하루에 30분 장작을 패고 말을 타거나 걸어서 숲에 갔다. 그는 여러 개의 짧은 글로 가득 채운 여러 권의 공책(notebooks)을 작성하며 성경 공부에 힘을 썼다.[26] 에드워즈의 일기는 그의 시간 개념을 잘 보여준다.

> 내 시간은 너무 짧아서 나는 모든 것을 완벽하게 공부할만한 시간이 없다. 그래서 가장 중요하고 필요한 공부를 제외한 다른 것들은 미루겠다(1723년 9월 23일).

> 중요하고 필요한 일상적인 일이 있지만, 긴급한 일과 중요한 일을 구별해서 너무 많은 시간을 사용하지 않겠다(1724년 1월 1일).

> 소중한 시간을 잘 활용해야겠다. 세상의 안락이나 즐거움을 기대하지 않고, 중단 없이 계속되는 금욕적인 삶을 살겠다(1723년 1월 6일).

---

26 Claghorn, "Editor's Introduction," WJE 16:744; George M. Marsden, *Jonathan Edwards: A Life* (New Haven & London: Yale University Press, 2003), 133; Whitney "Pursing a Passion for God through Spiritual Disciplines," 117; McClymond and McDermott, *The Theology of Jonathan Edwards*, 27.

읽을 책을 원했지만 읽을 만한 좋은 책이 없고 시간도 여의치가 않았다. 그러나 성경을 읽고, 결심문, 신학묵상일기(Miscellanies)**를 정독했다. 성경을 쓰고, 언어를 공부하고 개인적 의무를 하는 데 시간을 사용했다 (1723년 8월 28일).**

에드워즈는 신앙 에세이에서 해마다 신적인 것을 생각하며 대부분의 시간을 보냈고, 숲과 호젓한 곳으로 가서 묵상하고 독백하고 하나님에게 기도하고 교제하고, 묵상한 것을 항상 노래했다고 젊었을 때를 회고한다.[27]

에드워즈는 에베소서 5장 16절, "세월을 아끼라"를 근거로 "시간의 소중함"(Preciousness of Time)을 설교한다(1734년 12월). 그에게 시간은 짧지만 영원을 소유할 수 있는 유일한 준비 기간이다. 왜냐하면 시간은 너무 빨리 흐르고 앞으로 얼마나 남았는지 알 수 없으며 지나간 시간은 다시 돌이킬 수 없기 때문이다. 죽음의 목전에 있는 사람과 지옥에 있는 사람은 지금 우리의 시간을 간절히 원하고 있을 것이다. 에드워즈는 그들이 시간을 사용하는 것처럼, 시간을 소중히 사용하려고 했다. 그가 매 순간을 소중하게 여기며 세월을 아꼈지만, 에드워즈의 전기 작가 중 어느 누구도 그를 스케줄에 쫓기며 제대로 쉬지 못하며

---

27 Edwards, "Diary," WJE 16:761, 780-81, 783; "Personal Narrative," WJE 16:794.

처음 공부하는 조나단 에드워즈

동분서주하는 사람으로 묘사하지 않는다.[28]

② 경건과 절제

- 신학과 관련하여 해결해야 할 어떤 것이 있다면, 즉시 해
  결하겠다(11).
- 먹고 마시는 것을 가장 엄격하게 절제하겠다(20).
- 나의 잘못을 추적하여 조심스럽게 행동하도록 노력하고
  기도하겠다(24).
- 발견할 수 있는 만큼 꾸준히 성경연구를 하겠다(28).
- 하나님의 응답을 소망하며 온전히 기도하겠다(29).
- 매주 전주보다 더 높은 신앙과 은혜를 실천하기 위해 최
  선을 다하겠다(30).
- 매일 밤 잠들기 전에 먹고 마시는 일에 있어서 최선을 다
  했는지 자문하겠다(40).
- 신앙의 목적을 위해 행동하겠다(44).
- "말할 수 없는 탄식"(롬 8:26)과 "주의 규례들을 항상 사모
  함으로 내 마음이 상하나이다"(시 119:20)를 발견할 때,
  최선을 다할 것이며 진지한 행위를 반복하더라도 지치지
  않겠다(64).

---

28 Jonathan Edwards, "The Preciousness of Time," WJE 19:244;
Whitney "Pursing a Passion for God through Spiritual
Disciplines," 125.

에드워즈만큼 재능을 타고 난 사람은 많지 않을 것이다. 에드워즈의 경건이나 업적을 본받으라고 권면하는 것은 어쩌면 희망고문일 수도 있다. 그러나 '경건에 이르도록 연단하라'(딤전 4:7)는 말씀에 순종할 책임이 우리에게 있다. 우리는 하나님을 추구하는 경건을 훈련해야 한다.[29] 에드워즈는 은혜의 방편인 말씀과 기도를 통한 경건을 추구하며, 절제되고 균형 잡힌 삶의 태도를 지향했다.

에드워즈는 기도의 사람이다. 그는 특별한 일이 없으면 하루에 세 번 하나님 앞에 나아가는 것이 적당하다고 생각했다 (1723년 5월 6일). 그는 아바 아버지라 부르짖게 하시는 성령이 내주하기 때문에, 정기적인 개인 기도는 당연하다고 생각했다. 그는 하나님에 대한 감미로운 묵상에서 자연스럽게 개인적이고 즉흥적인 찬양을 했다. 그는 (20세 되던 해에) 뉴욕에서 살 때, 자주 허드슨 강둑의 한적한 곳에서 하나님과 은밀하고 달콤한 시간을 가졌다. 스미스와 그리스도 나라의 발전에 대한 대화를 나누었다.[30]

에드워즈는 성경과 신학을 가까이 했다. 그는 자신이 사

---

29 Edwards, "The Preciousness of Time," WJE 19:244; Whitney "Pursing a Passion for God through Spiritual Disciplines," 127.

30 Edwards, "Diary," WJE 16:769; "Personal Narrative," WJE 16:797; Whitney "Pursing a Passion for God through Spiritual Disciplines," 115-16.

처음 공부하는 조나단 에드워즈

랑하는 이들의 전통을 고수하려는 성향이 강했지만, 지적인 도전 역시 강력했다. 그는 하나님을 추구하고 사랑하는 수단으로서 가장 큰 계명(막 12:28-30)에 순종하기 위해 지성을 적절히 사용했다. 에드워즈는 갈급한 마음으로 많은 것을 배우기를 좋아했고, 그의 마음은 하나님을 추구하고 사랑하는 것에 몰두하며 자신을 훈련했다. 에드워즈는 성경과 성경의 가르침을 잊지 않으려고 노력했고, 성령의 조명으로 얻은 통찰력을 잘 보존하려고 했다.[31]

> 오후에 부모님이 기뻐할 만큼 충분히 조심하지 않아 죄를 지었다. 성경을 철저히 익히는 것이 매우 유익하다는 것을 알았다. 교리 책이나 논쟁적인 책을 읽을 때, 훨씬 더 자신 있게 읽어나갈 수 있고 그 입장과 토대를 볼 수 있었다(1723년 8월 13일).

> 성경을 가장 많이 읽었을 때 가장 활기차고 최고의 마음의 상태에 있었다(1724년 3월 23일).[32]

에드워즈는 젊은 시절(1722년 쯤)의 경건을 이렇게 추억한다.

---

31 Whitney "Pursing a Passion for God through Spiritual Disciplines," 121, 123.

32 Edwards, "Diary," WJE 16:779, 785-86.

나는 어느 때보다 성경 말씀에서 가장 큰 기쁨을 누렸다. 때때로 말씀을 읽을 때, 모든 말씀이 내 마음에 와 닿는 것 같았다. 나는 내 마음 속에 있는 것과 달콤하고 강력한 말씀 사이의 조화를 느꼈다. 모든 구절에서 밝은 빛이 비치고 신선한 양식이 전달되어서 나는 더 이상 읽어나갈 수가 없었다. 나는 그 속에 담겨있는 경이로움을 보려고 한 구절을 오랫동안 묵상한 적도 많았다. 거의 모든 구절은 경이로움으로 가득 찬 것처럼 보였다.[33]

에드워즈는 일반학문도 두루 섭렵했다. 그는 많은 책이 신학적인 성격이었던 시대에 비신학적인 책들을 폭넓게 읽었다. 또한 그는 다양한 종류의 신학과 비신학적 저자들과 폭넓게 대화하며 자신의 생각을 확장하고 발전시켰다. 자연과학 영역에서 뉴턴의 혁명이 일어난 지 얼마 되지 않았던 당시, 많은 사상가들은 우주 만물이 서로 잘 맞물려 있는지 알려고 했다. 에드워즈는 자신이 물려받은 하나님의 주권 교리로 모든 만물의 절묘한 조화를 이해했다. 즉, 만물뿐만 아니라 무생물까지도 하나님의 전달 수단이라는 것을 알았다. 각 원자의 보존까지도 주권적인 하나님의 힘으로 이해했다.[34]

---

33 Edwards, "Personal Narrative," WJE 16:797.

34 McClymond and McDermott, *The Theology of Jonathan Edwards*, 41.

처음 공부하는 조나단 에드워즈

에드워즈는 자신의 일기에 음식과 관련하여 얼마나 엄격하게 살폈는지 기록했다.

> 먹고 마시고 자는데 있어서 자기부인(self-denial)은 몸과 마음을 훨씬 더 멋지고 건강하게 했다(1723년 1월 10일).

> 나는 한 달 동안 세 가지 범실을 했다. 하나는 먹고 마시는 식욕을 충분히 경계하지 못했다. 아침 늦게 일어났다. 은밀한 기도의 의무를 충분히 적용하지 못했다(1723년 2월 16일).

> 이번 주에 먹는 것에 너무 부주의했다(1723년 3월 31일).

> 지나친 감정(affection)이나 식욕이 마음을 눈멀게 하고 전적으로 장악했다. 식욕이 이성보다 강했다(1723년 8월 6일).

> 나는 2년 동안 경험했다. 식사할 때 내가 과식을 하면, 3분 안에 엄격한 절제의 범위를 넘어섰다는 것을 알 수 있다(1724년 2월 15일).[35]

---

35 Edwards, "Diary," WJE 16:761, 766, 768, 777-78, 784.

③ 낙심과 마주하기

- 자존심이나 허영심을 기뻐하거나 만족한다면, 즉시 그것을 버리겠다(12).
- 내 확신을 약화시키는 것을 발견한다면 버리겠다(26).
- 세례를 받을 때 헌신했던 것처럼 자주 헌신을 새롭게 하겠다(42).
- 어떤 기쁨이나 슬픔 등의 감정이 신앙에 도움이 되지 않는다면 받아들이지 않겠다(45).
- 내 감정(feelings)이 흐트러지기 시작하고, 내면에 조금이라도 불편함이 있을 때, 나 자신을 엄격하게 점검하겠다(60).
- 완전히 견고한 신앙에 무감각(listlessness)이 자리 잡도록 하지 않겠다(61).

금욕주의자인 공적인 이미지와 달리, 에드워즈는 다양한 감정이나 낙담, 고뇌를 그의 일기에 적었다.

나는 하루종일 썩어가고 있다. 며칠 동안 지속된다. 나의 영은 움츠러들고 어젯밤에 우정을 잃어버릴까봐 두려워 염려했다. 나의 결심은 힘을 잃었다. 어제와 달리 오늘은 결심의 절반도 제대로 하지 못했다. 나의 결심을 새롭게 할 생각을 하지 못했다(1723년 1월 15일).

3시쯤 우울감에 압도당했다. 내가 밤에 며칠 동안 겪었던 죽음에서 회복하려고 노력하기 시작했다(1723년 1월 18일).

나는 지난주 너무 낙심되어서 다시 회복될 수 있을 때까지 오래 걸릴까봐 두려웠다. 한 주간 너무 힘들었다. 내 마음이 너무 기만적이어서 더 이상 결심하지 못한 내 자신이 실망스러웠다(1723년 1월 20일).

나는 나의 죄를 애도하고, 회개의 시편을 노래했다. 신앙의 즐거움에 대한 감각이 이전보다 많이 떨어진 것 같다(1723년 1월 21일).

이번 주 더 이상 회복이 되지 않을 것 같다. 자비의 하나님 나를 홀로 두지 마시고 부패하지 않게 하소서. 나의 모든 결심에도 불구하고 너무나 자주 반복해서 넘어졌다(1723년 4월 7일).

나는 지난 한 달 동안 더 나은 시간 관리를 위해 충분히 노력하지 않은 것에 비난받아 마땅하다. … 다른 사람과 함께 기도할 때 내 생각을 지키는 것도 소홀히 했다(1723년 5월 11일).[36]

---

36 Claghorn, "Editor's Introduction," WJE 16:744; Edwards, "Diary," WJE 16:764-66. 768-69.

에드워즈는 낙심과 마주할 때 자신의 마음을 지킬 기준 (guideline)을 정했다.

내가 불행하다고 느낄 때 나의 의무를 점검하겠다 (1723년 6월 9일).

지난 안식일에 보스턴에서 에베소서 6장 6-8절을 읽었는데, 이것은 나에게 큰 유익이 되었다. 위험하고 유쾌하지 않은 상황일지라도 오직 의무를 행하며 기꺼이 즐겁고 감사함으로 해야 하겠다(1723년 6월 25일).

57번째 결심에 따라 모든 상황에서 흔들리지 않고, 하나님을 신뢰하며 안식을 유지하도록 조심해야겠다. 내 평생 동안 이것을 많이 실천하겠다. 마음을 열고 하나님을 향한 내 길을 선포하고 내 영혼을 하나님에게 열어 두겠다(1723년 7월 26일).[37]

그는 이렇게 기도했다.

자비로운 아버지, 나는 당신을 열렬히 사랑하고 축복하고 찬양할 충분한 이유가 있습니다. 진심으로 기도하오니 부패와 낙담에서 나를 보호해주소서. 오직 당신의 선하심으로 나의 죄악으로 인한 비참함에서 은혜를 베

---

37   Edwards, "Diary," WJE 16:772-73, 776.

처음 공부하는 조나단 에드워즈

풀고 불쌍히 여기소서. 오 사랑하는 주님, 나의 기도와 감사를 당신 손에 맡깁니다(1723년 6월 21일).[38]

④ 자기점검(self-exam)

- 내가 둔감해져서 이 결심의 일부를 등한히 하면, 처음 마음으로 돌아가겠다(3).
- 의무를 다했는지 의구심이 들고 평온이 깨질 때마다 점검할 것이다(35).
- 밤마다 잠자리에 들 때, 주말마다 월말마다 연말에 내 죄와 태만을 검토하겠다(37).
- 매일, 매주, 매월, 연말에 어떤 면에서 내가 더 잘 할 수 있었는지 스스로에게 물어보겠다(41).
- 실패할 수도 있지만, 나의 실패와 끝까지 싸우고 결코 포기 하지 않겠다(56).
- 내가 불행과 역경을 두려워할 때, 나의 의무를 점검하겠다. 나의 의무와 죄에만 관심을 가지겠다(57).
- 고난을 격은 후에 더 나아지기 위해 점검하겠다(67).
- 나의 죄나 연역함 등 모든 것을 나에게 솔직하게 고백하겠다. 만약 신앙과 연관된다면, 하나님께 고백하고 도움을 간청하겠다(68).

---

38 Edwards, "Diary," WJE 16:772-73, 776.

에드워즈는 낙심과 마주할 때의 결심에도 불구하고 다짐이 제대로 작동하지 않는 경우를 고백했다.

> 어제와 오늘 아침 과실이 없었는지 약간 의문이 생겼다 (1722년 12월 20일).

> 오늘과 어제는 지독하게 따분하고 무미건조하고 기진맥진했다(1722년 12월 21일).

> 뉴 헤이븐으로 돌아온 이후 나는 신앙적 침체에 빠졌다. 거룩함을 추구하는 열정은 어떤 일로 인해서 흔들리고 식어졌다(1723년 1월).[39]

에드워즈는 35번째 결심을 한 날에 이렇게 기록했다.

> 내가 최소한 하나님의 사랑과 호의에 대한 나의 관심에 의문을 제기하는 이유는 다음과 같다. 1. 나는 신학자들이 말하는 예비적 사역에 대한 나의 경험을 충분히 말할 수 없다. 2. 나는 신학자들이 특정한 단계에서 일반적으로 일어난다고 하는 중생을 경험한 것을 기억하지 못한다. 3. 나는 기독교의 은총, 특히 신앙(faith)을 충분히 느끼지 못한다. … 4. 나는 때때로 하지 말아야 할

---

39 Edwards, "Diary," WJE 16:759; "Personal Narrative," WJE 16:798.

처음 공부하는 조나단 에드워즈

것을 하고 해야 할 것을 하지 않은 죄를 짓기 때문이다. 최근에 악한 말로 범법하지 않았는지 의구심이 생겼다. 오늘에 단호히 결심하지 못했다(1722년 12월 8일).[40]

에드워즈는 신앙 에세이에서 내적 투쟁을 이렇게 회고한다.

시간이 흐르면서 나의 확신과 신앙은 점점 사라졌다. 나는 완전히 신앙과 기쁨을 잃었고, 지속적인 선행을 위한 비밀기도마저 중단했다. 개가 토한 것을 먹는 것처럼 다시 죄를 지었다. 실제로 나는 때때로 매우 불안했고, 대학에서 학년이 올라갈수록 더 그랬다. 대학의 마지막 해에 나는 늑막염에 걸렸고, 내 영혼은 매우 불안한 상태였다. … 이것은 하나님이 나를 무덤 가까이 데려가고 지옥의 구덩이 위에서 흔드는 것과 같았다.[41]

에드워즈는 자신의 결심이 제대로 작동하지 않을 경우를 대비한 안전장치를 두어 끊임없이 이중점검을 했다.

내 자신이 무기력하고 활기를 잃고 신앙서적을 읽어도 감흥이 없을 때, 결심문과 신학묵상일기 등을 읽었다(1723년 6월 8일).

---

40 Edwards, "Diary," WJE 16:759.
41 Edwards, "Personal Narrative," WJE 16:791.

8번째 결심문을 변경하여 새롭게 했다. 그리고 4월 1일의 결정을 정비했다. 편리한 시간에 이 결심문과 발언을 알파벳으로 만들어 상황과 형편에 맞춰 [신앙] 의무에 적합하도록 하겠다(1723년 7월 25일).

나는 선을 행하는 사소한 기회를 개선하는 것에 대해 너무 태만했다. 다시 한 번 몸과 마음의 측면에서 엄격한 절제의 행복한 결과를 경험으로 확인했다(1723년 7월 3일).

예수 그리스도와 그의 나라에 대한 탁월함을 평소보다 더 많이 생각했다. 매달 말일에 결심문을 위반하는지 살펴보겠다(1722년 12월 24일).

어제 이른 아침, 하루 종일 두통에 시달렸다. 주, 월, 년에 관해 37번째 결심문에 추가했다(1722년 12월 26일).

월말마다 신약성경에서 특히 삶의 규칙으로 구성된 장으로 내 행동을 엄격하게 점검하겠다. 연말에 여러 장을 읽고 신약성경의 규칙에 따라 내 행위를 점검하겠다. 이 목적을 위해 잠언을 읽는 것도 연말에 요긴할 것이다(1723년 12월 27일).[42]

---

42 Edwards, "Diary," WJE 16:760, 772, 773, 776, 783,

처음 공부하는 조나단 에드워즈

⑤ 종말론적 비전

- 내 삶의 최후의 순간에 꺼려질만한 것을 하지 않겠다(7).
- 나의 죽음과 죽음에 수반되는 일반적인 상황을 많이 생각 하겠다(9).
- 내가 고통을 느낄 때 순교와 지옥의 고통을 생각하겠다(10).
- 내가 죽을 때 아쉬워야할만한 것을 지금 하며 살겠다(17).
- 복음과 천국에 대한 명확한 개념을 가지고 경건의 틀 안에서 생각하는 것처럼 항상 살겠다(18).
- 만약 마지막 나팔 소리가 울리기까지 한 시간이 채 남지 않았다면, 두려워할 만한 것을 하지 않겠다(19).
- 천국의 행복을 위해 할 수 있는 힘과 열정을 가지고 충분히 노력하겠다(22).
- 나를 끊임없이 돌아보아 내 영혼이 그리스도에게 관심 있는지 확인하겠다. 그래서 내가 죽을 때에 후회하지 않겠다(48).
- 죽음이 임박했을 때 회개하는데 게으르지 않도록 하겠다(49).
- 천국이 다가올 때 가장 신중하게 생각하고 행동하겠다(50).
- 만약 마지막에 저주를 받아야 한다면, 내가 했으면 좋았을 것이라고 생각하는 대로 행동하겠다(51).
- 만약 천국의 행복과 지옥의 고통을 보았다면, 내가 해야 한다고 생각하는 대로 최선을 다하겠다(55).

에드워즈의 삶의 태도는 종말론적 완성을 향한다. 그의 일기에서 확인해 보자.

> 나는 내 마음이 이 세상을 많이 연연한다는 것을 발견한다. 이 세상과 완전히 분리될 수 있다면! 내가 다른 사람들처럼 이 세상에서 힘과 명성을 가질 때, 불편하다. 하나님을 나의 기업으로 선택했고, 하나님을 전적으로 만족하기로 약속했다고 말하는 것이 부끄럽다는 것을 발견한다(1723년 2월 21일).[43]

에드워즈는 1737년을 회고하며 지옥의 실재를 인정한다.

> 나는 이 마을(Northampton)에 살게 된 이후, 내 자신의 죄와 악에 대해 심각하게 깨닫는 일이 많았다. 그래서 큰 소리로 울지 않으려고 입을 꼭 다물고 있었다. 나는 회심하기 이전보다 더 내 마음의 사악함과 완악함을 크게 깨달았다. 만약 하나님이 나의 죄를 밝힌다면, 태초부터 지금까지 존재한 모든 인류 가운데서 가장 악할 것이다. 따라서 나는 지옥 맨 밑바닥으로 떨어질 것이다.[44]

에드워즈는 연수가 더 해지면서 종말론적 비전이 흐려지

---

43 Edwards, "Diary," WJE 16:766-67.
44 Edwards, "Personal Narrative," WJE 16:801-02.

처음 공부하는 조나단 에드워즈

는 것을 염려했다. 그는 이렇게 기록한다.

> 선한 사람도 나이가 들수록 점점 더 강해지는 악한 성
> 향이 있다는 것을 목격한다. 이것은 기독교의 미덕을
> 모호하게 하는 습관이다. 즉, 자연적 본성에 따라 어떤
> 것은 더 우세할 수 있다. 그들이 그리스도 안에서 젊었
> 을 때, 통제되는 악한 성향은 점점 더 강해지고 보편적
> 으로 훈련, 심지어 죽음까지도 통제한다. 이런 면에서
> 나이 많은 기독교인은 젊은 기독교인보다 더 합리적이
> 지 않다. 나는 그런 습관에 빠지는 것이 두렵다(1724년
> 2월 22일).[45]

에드워즈는 히브리서 11장 13-14절, "또 땅에서는 외국
인과 나그네임을 증언하였으니 그들이 이같이 말하는 것은 자
기들이 본향 찾는 자임을 나타냄이라"를 근거로 "참 기독교인
의 삶 천국을 향한 여정"(The True Christian's Life a Journey
Towards Heaven)을 설교한다(1733년 9월).

> 하나님을 기뻐하는 것은 우리의 진정한 행복이며, 우리
> 영혼이 만족할 수 있는 유일한 행복이다. 천국에 가서
> 하나님을 온전히 누리는 것이 이곳에서 가장 즐겁게 머
> 무는 것보다 무한히 더 좋다. 부모, 남편, 아내 또는 자

---

45 Edwards, "Diary," WJE 16:785.

녀나 이 세상의 어떤 친구보다 더 좋다. 이러한 것은 그림자에 불과하고 오직 하나님만이 실체(substance)이다.[46]

3) 이웃에 대한 관대함(generosity)

에드워즈는 하나님 의존, 자신을 향한 엄격함뿐만 아니라 이웃의 유익을 추구하겠다는 결심을 한다(1).[47] 그는 사회적 의무를 중요하게 생각하며 자신의 경건과 이웃에 대한 관대함을 분리하지 않는다.

① 선한 말

- 이느 누구에게도 악한 말을 하지 않겠다(16).
- 최고 수준의 기독교 명예와 인류 사랑에 합당한 것 외에는 말하지 않겠다(31).
- 순수하고 단순한 진실만을 말하겠다(34).
- 선한 요구가 있을 때를 제외하고 나쁘게 말하지 않겠다(36).
- 주일에 농담이나 조소하는 말을 하지 않겠다(38).

---

46 Jonathan Edwards, "The True Christian's Life a Journey Towards Heaven," WJE 17:437.

47 Edwards, "Resolutions," WJE 16:753.

처음 공부하는 조나단 에드워즈

- 말하는 모든 것에 자비가 나타나도록 하겠다(70).
- 대화 중 혐오와 분노를 자제하고 쾌활하며 사랑스럽고 자비로운 분위기를 보여주겠다(58).
- 의무를 달리 요구하는 상황을 제외하고, 항상 좋은 면을 유지하고 좋은 말과 행동하겠다(66).

에드워즈는 그의 일기에서 어느 누구에게도 악한 말을 하지 않겠다(16)는 결심을 '수요일 결심'(Wednesday Resolution)으로 언급한다. 이것은 그가 이 문제를 겪고 있었다는 것을 충분히 짐작할 수 있다.[48] 그의 일기에서 언어 사용에 대한 그의 관심을 엿볼 수 있다.

지난 수요일에 일주일 동안 악한 말을 삼가고 그 효과를 보기로 결심했다(1723년 5월 18일).[49]

대화할 시간이 충분하지 않아 최근에 실수를 했다(1723년 10월 7일).

선한 은혜로 기독교 담론(discourse)을 가져올 기회를

---

48 Kenneth P. Minkema, "Personal Writings," *in The Cambridge Companion to Jonathan Edwards*, ed., Stephen J. Stein (Cambridge: Cambridge University Press, 2007), 42.

49 Edwards, "Diary," WJE 16:770.

충분히 주의하지 못했다. 나는 거룩한 기술(holy art)을 제대로 발휘하지 못했고, 선한 은혜로 계속 이어갈 용기도 없었다(1723년 8월 20일).

내 행동에 아름다움과 광택을 주기 위해 더 높은 수준이 요구되는데, 그 미덕은 바로 온유함이다. 만약 내가 더 온화한 분위기를 가진다면, 더 많이 개선될 수 있을 것이다(1725년 2월 16일).[50]

나는 초조한 성향을 어느 정도 가라앉혔지만, 기독교의 기질과 대화의 달콤함에 동의할 수 없는 성향, 즉 지나친 교조주의와 이기주의를 발견했다. 내가 싫어하고 혐오하는 것을 말하는 성향이 있다. "하나님께서 내가 기질과 대화의 모든 결점을 분별하게 하고 그것들을 고치는 데 어려움에 빠진 나를 도와주소서"(1723년 5월 4일).[51]

에드워즈는 신앙적 대화의 중요성을 여러 차례 기록한다.

자유로운 신앙적 대화의 유용성을 어느 때보다 확신한다. 나는 자연 철학과 대화함으로써 알게 되었고, 지식을 더 빨리 습득하고, 개인 연구보다 훨씬 더 명확하게 사물의 근거를 본다. 따라서 유익, 기쁨, 자유를 위해 진

---

50 Jonathan Edwards, "At Yale College," WJE 16:787.
51 Edwards, "Diary," WJE 16:781, 779, 769.

처음 공부하는 조나단 에드워즈

심으로 항상 신앙적 대화를 구한다(1724년 2월 6일).[52]

나는 "만일 말에 실수가 없는 자라면 곧 온전한 사람이라 능히 온 몸도 굴레 씌우리라"(약 3:2)가 제시하는 온전한 사람의 징표를 위해 노력하기로 결심했다(1723년 7월 18일).

모든 청원과 고백 등을 시작할 때, 공 기도회(social prayer)에 관심을 갖도록 특별히 발언에 주의하려고 했다(1723년 11월 29일).

내가 다른 사람들이 어떤 일에 책임이 있다고 말해야 하는 때 중요한 악을 피하기 위해 말하지 않으면, 그들은 초조하고 분노한 마음의 영향을 거의 받지 않을 것이다(1723년 12월 12일).

하나님의 영예가 요구하지 않는 격노한 감정으로 고통을 겪거나 표현하지 않기로 했다(1723년 12월 31일).

다른 사람의 허물, 어리석음, 연약함을 비웃지 않는 것이 최선이라고 생각한다(1723년 4월 1일).[53]

---

52 Edwards, "Diary," WJE 16:784.
53 Edwards, "Diary," WJE 16:774, 782-83, 768.

1. 청년 에드워즈

49

에드워즈는 노스햄턴에서 18세의 데보라 하더웨이
(Deborah Hatheway)의 질문에 대해 쉐마(Shema), 시편, 신약
을 반영하여 청년 기독교인을 위한 안내서(guide)를 적어 편지
를 보낸다. 이것은 에드워즈가 지향하는 삶의 태도를 잘 보여준
다. 편지 내용을 요약하면 다음과 같다.

> 데보라. 너는 히브리서 10장 25절처럼 서로에게 권고,
> 조언, 경고를 많이 해야 한다. 다른 사람에게 조언과 권
> 고할 때 충분히 진지하고 애정이 넘치게 해라. 비슷한
> 또래에게 경고할 때 너 역시 부족하지만 하나님의 주권
> 적 은혜를 통해 새롭게 되었다는 것을 말해라. 선한 양
> 심을 가지고 할 수 있다면, 그들보다 더 부족하다는 것
> 을 말해라. 경박한 언행으로 신앙적인 것과 체험을 말
> 하지 마라(1741년 6월 3일).[54]

에드워즈는 고린도전서 13장 5절을 근거로 "성난 영혼과
어울리지 않는 자선"(Charity contrary to an Angry Spirit)을
설교했다(1738년). 이 설교는 언어 사용과 경건을 분리하지 않
는 삶의 태도를 잘 보여준다. 즉, 분노하는 사람은 공동체 생활
에 적합하지 않다. 하나님은 "노를 품는 자와 사귀지 말며 울분
한 자와 동행하지 말지니 그의 행위를 본받아 네 영혼을 올무

---

54 Edwards, "Personal Narrative," WJE 16:90, 94-95.

에 빠뜨릴까 두려움이니라"(잠 22:24-25)고 말한다. 거친 언어로 다른 사람을 몰아세우는 사람은 사회의 해충과 같으며 저주를 받는다. 하나님은 이러한 행위를 인정하지 않는다. 왜냐하면 모든 사람을 불편하게 만들고 혼란에 빠뜨리기 때문이다(잠 29:22).[55]

② 사랑 실천

- 나보다 악한 사람이 없는 것처럼 말하고 행동하겠다(8).
- 자선과 관대함의 대상을 찾기 위해 노력하겠다(13).
- 어떤 것으로도 복수하지 않겠다(14).
- 비이성적인 존재에게 분노하지 않겠다(15).
- 균형을 유지하며 평화를 유지하겠다(33).
- 알고도 행하지 않는 죄의 적법성은 별도로 하더라도, 적법하지 않은 것을 하지 않겠다(39).
- 부모가 조금이라도 초조하지 않도록 하겠다. 말 바꾸기나 눈빛으로 고통을 겪지 않게 할 것이다. 가족들에게 조심하겠다(46).
- 보편적으로 선하지 않은 것을 거부하며 기독교 미덕을 실천하겠다. 매주 제대로 했는지 점검하겠다(47).
- 어떤 사람의 회심에 관해 들을 때, 칭찬받을만하면 본받겠다(54).

---

55 Jonathan Edwards, "Ethical Writings," WJE 8:282.

- 나쁜 성품과 분노가 가장 많이 치밀어 오를 때, 내가 불리하더라도 선한 본성으로 느끼고 행동하겠다(59).
- 에베소서 6장 6-8절처럼 이웃을 향한 의무를 그리스도에게 하듯 하겠다(62).
- 다른 사람의 행위가 좋아 보이면 항상 그렇게 하겠다(69).

에드워즈가 하나님을 향한 경건과 이웃 사랑을 분리하지 않는다는 것을 그의 일기에서 확인할 수 있다.

> 나는 하나님을 예배하고 다른 사람과 연합하는 노력들이 결실을 맺는 것을 발견하기 시작했다. 시간이 지나면 쉽고 즐겁고 매우 유익할 것이다. 따라서 노력을 멈추지 않고 두 배로 계속해야겠다(1723년 7월 24일).

> 내가 했으면 좋았을 텐데 하는 것을 항상 해야겠다. 예를 들어, 때때로 나는 그런 선한 본성, 친절, 관용이나 용서 등이 내 의무가 아니라고 생각했다. 그러나 다른 사람이 그렇게 하는 것을 볼 때, 그것은 나에게 정감 있어 보이고 내가 했으면 좋았을 것이다(1723년 8월 11일).[56]

---

56 Edwards, "Diary," WJE 16:776, 779.

처음 공부하는 조나단 에드워즈

에드워즈는 이웃을 향한 자신의 삶의 태도를 늘 점검하고 있다는 것을 그의 일기를 통해서 확인할 수 있다.

> 나의 모든 부분에서 하나님을 받아들이겠다고 새롭게 약속했다. 나는 다른 사람의 어떤 번영에도 불평하지 않을 것이며 슬퍼하지도 않을 것이다. 그런데 나는 최근에 반대로 행했다(1723년 2월 17일).

> 오늘은 교회 모임에서 참지 못했다. 올가미와 찔레가 내 길을 가로막았다. 이러한 때 자신이 불리한 점에 대해서도 선한 본성을 나타내었으면 좋았을텐데(1723년 7월 11일).[57]

에드워즈는 이웃을 향한 도덕성과 그리스도의 명예를 연관시켰다.

> 이 세상에서 상태와 조건을 불안해하면서 어떤 유익을 소망하는 것은 그리스도에게 큰 불명예이다. 다른 사람들이 순조롭거나 모든 면에서 행복하고 번영하고 많은 명예를 누릴 때, 그들을 배 아파하거나 부러워한다. 심지어 그들이 가진 동일한 번영을 바라는 것을 별로 꺼리지 않고 바란다. 내가 살아 있는 한 항상 다른 사람의

57　Edwards, "Diary," WJE 16:766, 774.

번영을 기뻐하고 그런 종류의 행복을 기대하지 않겠다
는 결론을 내렸다(1723년 1월 10일).[58]

에드워즈의 삶의 태도는 이웃에게 복수하지 않는 관대함
이다. 그의 일기에서 살펴보자.

나는 복수하지 않았다. 내가 직접적으로 복수하지 않더
라도, 일종의 은밀한 복수를 희망하면서 나는 아마 해
야 할 일을 하지 않거나 내 상황이나 방식을 바꿨다. 그
들에게 어떤 악이 발생했을 때 그들이 했어야 했던 것
을 회개하게 만든다고 생각할 때, 나는 약간 만족감을
느꼈다. 그들이 자신들의 실수 때문에 회개하는 것을
기뻐하는 것은 옳은 것이다. 그러나 악이 그들에게 일
어났기 때문에 그들이 회개한 것에 만족하는 것은 복수
이다. 이것은 어떤 면에서 그것을 관리하는 하나님의
손에서 문제를 빼앗는 것이다(1723년 8월 24일).[59]

에드워즈는 이웃을 기꺼이 섬기려고 한다. 신앙 에세이에
서 이렇게 회고한다.

그 무렵, 나는 나와 관계하던 이들의 개종을 간절히 원

---

58 Edwards, "Diary," WJE 16:761.
59 Edwards, "Diary," WJE 16:779-80.

처음 공부하는 조나단 에드워즈

했던 것을 기억한다. 나는 그들을 기꺼이 존경하고, 기쁘게 그들의 종이 되고 그들이 진정으로 거룩하다면, 그들의 발 앞에 누워 있을 수 있다(1725년 9월).[60]

에드워즈는 이웃에게 행하는 자선행위를 매우 강조한다. 그는 1741년 사도행전 10장 4-6절을 근거로 "자선 행위의 중요성"(Much in Deeds of Charity)을 설교했다. 에드워즈는 고넬료가 하나님께 항상 기도하고 백성을 많이 구제한 것에 주목했다. 이것은 영적 발견을 추구하는 사람들이 일반적으로 하는 것이다. 즉, 기도에 많은 시간을 할애해야 하며 사랑의 구제나 행위가 넘쳐야 한다. 따라서 우리의 소유, 능력, 기회에 따라 자선을 베풀어야 한다. 그리스도는 여기에 계시지 않지만, 자신의 공간에 가난한 사람들을 남겨두었다. 그리스도에게 하는 것처럼 가난한 사람들에게 해야 한다. 에드워즈는 이사야 58장 7-11절을 근거 구절로 제시한다. 8절 주린 자에게 빵을 제공하면, "네 빛이 새벽 같이 비칠 것이며", 10절 "네 빛이 흑암 중에서 떠올라 네 어둠이 낮과 같이 될 것이며."[61] 이 말씀들을 통해서 자

---

60 Edwards, "Personal Narrative," WJE 16:799.

61 Jonathan Edwards, "Much in Deeds of Charity," in *The Sermons of Jonathan Edwards: A Reader*, eds., Wilson H. Kimnach, Kenneth P. Minkema, and Douglas A. Sweeney (New Haven, Yale Univ. Press, 1999), 197-99, 202.

선을 중시한다. 하지만 다른 사람에게 자선을 베푸는 것이 영적 발견을 할 수 있는 방법인가? 또는 그 목적을 위해 영향을 미치는가? 그렇지 않다. 자선은 하나님의 복을 구하기 위한 수단이 아니다. 즉, 공덕이나 보상이 될 수 없다. 왜냐하면 보상의 선함과 탁월함이 자선에서 주어진 것보다 무한히 훨씬 더 크기 때문이다. 따라서 공덕이나 보상이 아니라는 원칙이 지켜진다면, 하나님은 자유로운 보상으로 영적 발견을 줄 수 있다.[62]

에드워즈가 이웃에게 자선을 베풀기를 권유한 것은 그들이 바로 하나님의 형상이기 때문이다. 자선을 베푸는 것은 인류의 보편적 상태와 본성을 고려할 때 합리적이다. 우리가 우리 자신을 사랑하듯 이웃을 사랑하는 것은 가장 합리적이다. 왜냐하면 우리의 이웃은 하나님의 형상이며, 우리의 사랑을 받을 가치가 있기 때문이다. 이기적인 정신은 인류의 본성과 상태에 매우 부적합하다. 이웃을 위하지 않으면, 인간 사회의 유익을 얻지 못한다. 이웃을 우리 자신처럼 사랑한다는 것은 우리 이웃을 존중하고 돕고, 가장 자연스럽게 이 사랑을 표현하는 자선에 기여하는 도덕법의 총합이다.[63]

---

62 Edwards, "Much in Deeds of Charity," 202-03.

63 Jonathan Edwards, "The Duty of Charity to the Poor," WJE 17:376.

(3) 더 읽어볼만한 책

Edwards, Jonathan. 『(조나단 에드워즈의)점검: 자신을 세밀히 살펴봄』. 조계광 역. 서울: 생명의 말씀사, 2015.

Lee, Sang Hyun ed. *The Princeton companion to Jonathan Edwards*. Princeton, NJ: Princeton University Press, 2005.
(번역본) 『조나단 에드워즈의 신학: 프린스턴 조나단 에드워즈 입문서』. 이용중 역. 서울: 부흥과개혁사, 2008. 1장(조나단 에드워즈의 신학적 여정), 2장(에드워즈의 지적 배경) 그리고 11장(그리스도인의 미덕과 일반도덕) 부분.

MacClymond, Michael and Gerald R. McDermott. *(The) Theology of Jonathan Edwards*. New York: Oxford University Press, 2012.
(번역본) 『(한 권으로 읽는) 조나단 에드워즈 신학』. 임요한 역. 서울: 부흥과개혁사, 2015. 1장(교향악 서곡), 2장(에드워즈: 신학적 전기), 4장(에드워즈의 영성) 부분.

2. 인간 에드워즈

사회적 위치에 따라 사람은 다양한 역할을 수행하며 자신의 모습을 드러낸다. 18세기 개혁신학자이자 목회자인 조나단 에드워즈도 한 아내의 남편이자 자녀들의 아버지로, 또한 지역교회의 담임목사로서 그 역할을 감당해야 했다. 그가 성찬논쟁으로 인한 교인들과의 갈등으로 해임되었기에 일반적으로 교만하고 완고했을 것이라는 사람들의 편견과는 달리 그의 집에서 함께 생활했던 사무엘 홉킨스(Samuel Hopkins, 1721-1803)는 그를 공적으로는 철저하고 엄격한 격식을 차린 인물이었지만, 개인적으로는 마음이 따뜻하고 예절바른 사람이었다며 에드워즈를

친근하게 평가한다.[1]

　　이제 에드워즈의 신학 사상을 살펴보기 전, 인간 에드워즈의 모습들, 특별히 목회자, 남편, 아버지의 모습으로 접근해 보고자 한다. 18세기 영국 식민지인 뉴잉글랜드의 가부장제 사회에 살았던 에드워즈는 과연 어떤 목회자, 남편, 아버지였을까? 인간 에드워즈는 오늘날의 우리에게 어떤 모범과 도전을 줄 수 있을까? 이제 그가 남긴 여러 일기와 개인 기록들을 통해 에드워즈와 보다 친근한 만남을 가져보도록 하자.

(1) 목회자 에드워즈

　　에드워즈의 인생은 어떤 모습보다 목회자로서 먼저 살펴볼 필요가 있다. 그는 평생 하나님의 부르심을 받은 목회자라는 자기 정체성 속에서 살았던 인물이다. 그는 예일대 대학원 재학 시절 뉴욕(New York)[2]에서, 졸업 후에는 볼턴(Bolton)에서 잠시 목회를 했다. 이후 1차대부흥운동을 이끌게 되는 노스햄턴 교회(Northampton Congregation)에서 1727년 2월부터 부교

1　Samuel Hopkins, *The Life and Character of the Late Reverend, Learned and Pious Mr. Jonathan Edwards* (Northampton: Andrew Wright, 1804), 49.

2　뉴욕에서는 1722년 8월 부임해서 1723년 4월까지 약 10개월간 장로교회를 섬겼다.

역자로 2년, 담임목사로 21년간 교회를 섬겼다. 1750년 7월 교회에서 해임된 이후에는 1년 정도의 휴식기를 거쳐 인디언 거주지역인 스톡브리지(Stockbridge)로 사역지를 옮겨 인디언들과 영국 정착민들의 목회자로 6년간 섬겼다. 대략 30년간의 목회를 통해 그는 1,200여 편의 설교와 주옥과 같은 많은 신학 작품들을 남겼다.

1) 소명

목회자 에드워즈의 자기 정체성은 무엇이었을까? 그가 이상적으로 생각한 목회자는 바로 **하나님의 말씀 전파를 위해 부르심을 받은 소명자**이다.

> **목회자는 오직 하나님이 맡기신 일을 위해 보내졌다. 그러므로 하나님은 그들이 맡은 일로 차별하지 않으신다.** 목회자는 하나님이 그들에게 명하신 것을 설교해야 한다(욘 3:2). 하나님은 그들의 손에 교리의 요약이 담겨 있는 한 권의 책[성경]을 주시고 가서 말씀을 선포할 것을 명하셨다. 그리고 감히 추론하기로 목회자들은 명령을 받고 그 요약 안에 내포된 교리를 선택하고 다음과 같이 말한다. "내게 적합한 설교인가 아닌가? 내게 맡겨진 일 중 한 부분을 적절히 감당했는가 그러지 못했는가?[3]

---

3 G. Hart, Sean Michael Lucas, and Stephen J. Nichols eds., *The*

처음 공부하는 조나단 에드워즈

우리는 여기서 에드워즈가 가졌던 하나님의 부르심에 대한 목회자로서의 자기 인식을 발견하게 된다. 하나님의 말씀을 맡아 전달하는 자로서 부름을 받았다는 그의 자기 인식이야말로 평생을 어떤 순간에도 신실하게 하나님의 종으로 살아가게 하는 구심점이었음에 분명하다. 진리의 전달자이기에 그는 성경과 씨름하며 수많은 책들을 읽고 교양과 지식을 쌓으면서 깊은 묵상 가운데 진리를 선포하고 기술함으로 귀한 작품들을 남길 수 있었다. 또한 그는 목회자가 어떤 사역을 하든지 차별하지 않으신다는 확신을 가지고 있었기에 어떤 상황과 자리에도 굴하지 않고 하나님께서 맡기신 사역을 주어진 자리에서 충성을 다했던 것이다. 오늘날 우리는 얼마나 많이 자신들이 감당하는 사역의 모습들을 비교하는 어리석음을 범하는가? 하나님의 선한 뜻 가운데 하나님이 직접 하시는 일이기에, 하나님이 적절하다고 그 자리에 우리를 선택해서 부르신 사역이기에, 에드워즈는 차별하지 않으시는 하나님을 바라보며 자신의 사역을 겸손하게 감당했던 것이다.

에드워즈는 또한 목회자로서 교만하거나 하나님보다 앞서지 않았다. 그는 오랫동안 많은 사람의 부러움과 존경을 받는

Legacy of Jonathan Edwards: American Religion and the Evangelical Tradition (Grand Rapids: Baker, 2003), 72.

위치에 있었다. 하지만 그는 청년시절부터 자신의 죄성과 완악함을 누구보다 잘 인식하고 있던 인물이기도 했다. 따라서 자신과 같이 연약하고 부족한 존재를 불러 사용하시는 하나님의 은혜에 감사 감격할 뿐이었다. 코네티컷 리버 밸리 부흥을 성공적으로 이끌며 목회를 잘 감당하던 때인데도 불구하고, 그는 주일사역을 준비하던 1739년 1월의 어느 토요일 밤 자신을 돌아보며 다음과 같은 고백을 하고 있다.

> **하나님의 거룩한 마음에 일치해서 올바르고 해야 하는 사명의 길을 걸어가는 것이 얼마나 달콤하고 축복된 일인지를 느낀다. 이로 인해 나는 큰 소리로 울기 시작했고 문을 잠그고 울부짖었다. 하나님의 눈으로 옳다고 인정된 이들은 얼마나 행복한가! 그들은 진정 복되고 행복한 자들이다.[4]**

주일 사역을 준비하면서 때로는 힘들고 어려워도 하나님이 인정하고 함께하시는 사역을 하고 있기에 자신과 같이 연약하고 완악한 자를 목회자로 부르셔서 사용하시는 하나님의 은혜에 감사 감격하는 에드워즈의 고백은 하나님의 부르심을 가진 이들이 가져야할 자세가 어떠해야 하는지를 돌아보게 한다.

---

4 Jonathan Edwards, "Personal Narrative," WJE 16:803-04.

처음 공부하는 조나단 에드워즈

홉킨스에 따르면, 에드워즈는 신실하지 못한 목회자는 교회에 상당한 해가 될 수 있기에 사랑과 신실함이 의심되는 사람은 결코 목회자의 길을 가서는 안 된다고 이야기한다.[5]

2) 목회

목회자로서 하나님의 부르심에 근거해 철저한 사명감으로 무장된 에드워즈였지만, 그는 현실적으로는 목회사역으로 인한 과중한 부담을 감당하기에는 상당히 약한 체질과 내성적인 성격을 가지고 있었다. 에드워즈는 자신의 부족한 체력과 한정된 시간 속에서 복잡다단한 목회사역을 모두 잘 감당할 수 없으리라 판단했다. 결국 자신이 소유한 가장 좋은 달란트와 능력으로 성도들을 섬겨야 한다는 생각으로, 특별한 상황을 제외하고는 교인들 가정을 일부러 심방하거나 다른 여러 사역에 신경을 분산시키지 않고 설교와 독서에 시간과 에너지를 집중했다. 이런 모습으로 인해 에드워즈가 교만하고 고집이 세다고 평가하는 사람들도 있다.

하지만 그가 교인들의 생활에 무관심했다고 생각하면 이는

---

5 Hopkins, *The Life and Character of the Late Reverend, Learned and Pious Mr. Jonathan Edwards*, 58.

오해이다. 그는 그렇게 많지는 않았지만 가까운 사람들이 모이는 모임들에서 기회가 주어지는대로 설교하였다. 교회에서 신앙의 성장을 지켜보거나 어려움에 처한 청년들에게는 목사관을 방문하도록 요청하거나 메모를 이용해 성경이나 신앙에 대한 질문을 던지면서 지속적으로 목회자로서의 관심과 사랑을 보여주었다. 에드워즈는 효율적인 목회를 위해 집중의 원칙을 선택했던 것이다. 그는 시간을 철저하게 관리하고 친밀한 교제를 나눌 대상도 신중하게 구별하여 일정 사람들과 깊은 교제를 나누었다. 그렇지만 이를 통해 에드워즈가 사람들에게 비사교적이고 경직된 인물이라고 평가해서는 안 된다. 그는 누구보다 예수님을 사랑하고 자기에게 맡겨진 영혼을 사랑하는 목회자로 사명감을 가진 인물이었기에 맡겨진 사역이라면 최선을 다했다. 그는 상당히 유능한 상담가로서 자기 교인들뿐 아니라 인근 지역 주민들에게도 인기가 높았다. 1741년과 1742년에 일어난 영적 부흥으로 인해 성령의 역사를 체험한 교인들이 목회자와 영적인 문제로 상담을 필요로 하자, 흔쾌히 이들을 목사관으로 초대하여 그의 서재 앞에 많은 사람들이 줄을 설 정도로 분주하게 사역을 감당하기도 했다. 또한 그는 비록 심방을 최소한으로 줄이기는 했지만 교인 중에 고통당하거나 문제가 있는 이들의 가정에는 기꺼이 방문하여 기도와 말씀을 통해 위로하였다[6]

---

6 Hopkins, *The Life and Character of the Late Reverend, Learned and*

처음 공부하는 조나단 에드워즈

3) 성경

에드워즈는 청교도 신앙의 계승자로서 그들이 가장 중요하게 생각했던 "오직 성경"(Sola Scriptura)의 정신을 이어받아 매일 13시간씩 서재에서 성경을 부지런히 읽고 연구하는 습관을 가지고 있었다. 요사이 많은 목회자가 그의 깊은 신학적 설교와 작품들에 매료되어 에드워즈의 목회를 모범으로 삼고자 한다. 하지만 에드워즈를 통해 우리가 좇아야할 습관은 무엇보다 그의 성경 읽기와 묵상에 대한 시간 할애일 것이다. 그는 예수님의 모범을 따라 매일 새벽 일어나 성경을 읽고 묵상했으며 자신뿐 아니라 가족과 함께 아침마다 촛불 옆에서 성경 한 장을 함께 읽으며 하나님의 축복을 간구하는 기도로 하루를 시작하곤 했다. 이처럼 성경읽기와 묵상에 열심을 낼 수 있었던 이유는 누구보다 그가 성경을 통해 말씀이 얼마나 달콤한지, 그리고 얼마나 강한 능력으로 다가오는지를 체험했기 때문이었다.

> 성경을 읽을 때면 자주 그 속의 모든 단어가 내 마음을 어루만지는 것처럼 느껴진다. 나는 달콤하고 강력한 말씀이 내 마음 속의 무언가와 아름다운 조화를 이루고 있다고 느낀다. 말씀 속에 있는 각 문장이 비추는 강한 빛을 보게 되면, 더 이상 읽어 나가지 못하고 그 문장에

Pious Mr. Jonathan Edwards, 54-55.

> 멈추어 그 안에 담긴 황홀함으로 인해 입을 다물 수가
> 없다. 성경의 거의 모든 문장이 이와 같은 놀라움이 담
> 겨 있는 것은 두말할 여지가 없다.[7]

　에드워즈는 성경을 읽으면서 혼란스럽고 문제 가득한 인생을 이끌어 가시는 신적 조화와 그로 인한 인생의 질서와 아름다움을 느낄 수 있었다. 이처럼 그는 목회자가 되기 이전 먼저 신실한 그리스도인으로서 성경의 맛을 알았던 성경의 사람(man of the Bible)이었던 것이다. 이로 인해 그는 성경읽기와 연구를 통해 체험하는 영적 황홀경을 잠시라도 중단할 수가 없었다.

　에드워즈는 청교도 목회자들이 추구하는 목회를 위해 예일대학에서 계몽주의 교육을 받은 최고의 지성인이기도 했다. 자연스럽게 그는 성경 이외에도 일반 교양서적도 상당수를 보유하고 있었다. 그의 도서목록(Catalogue)을 살펴보면 거의 800권의 책이 나열되어 있으며 서재에는 837권이 꽂혀있었다. 홉킨스는 에드워즈의 연구 습관에 대해 다음과 같이 기록했다.

> [에드워즈는] 지식에 대한 남다른 갈증이 있었다. 그는
> 지식을 추구하는 과정에서 요구되는 어떠한 대가나 고
> 생도 기꺼이 지불했다. 그는 구할 수 있는 모든 책, 특별

7　Edwards, "Personal Narrative," WJE 16:797.

처음 공부하는 조나단 에드워즈

히 신학 책을 많이 읽었다. 그래서 그는 지식의 추구로 인해 어떤 도움이든 책에서 얻고자 했다. … 그는 진리를 발견하고자 최선을 다했다. 지식과 이해를 은을 구하듯, 보화를 캐듯 얻었다. 손에 늘 펜을 잡고 그가 궁금해 하는 어떤 주제이든 할 수 있는 한 모든 것을 생각해 내려 했다.[8]

에드워즈는 계몽주의 시대의 목회자답게 성경 이외에도 당시 빠르게 발전되고 있던 학문과 과학 지식을 통해서도 참된 진리인 하나님 말씀을 전하는 데 상당한 도움을 받을 수 있다고 생각해서 일반 분야의 독서와 연구에도 상당한 노력을 기울였다.

그럼에도 당대 최고의 지성인인 에드워즈에게는 어떤 다른 책들보다 성경을 읽는 시간이 최고의 기쁨이었으며 시간을 아끼는 방법이었다. 1723년 8월 28일 자신의 일기에서 "책을 읽기 원하지만 읽을 마땅한 책이 없다면, 나는 성경을 읽을 것이다. 이는 시간을 낭비하지 않기 위함"[9]이라고 적고 있다. 에드워즈는 어떤 지식이나 책들보다 성경이 가진 우선순위를 잘 인식하고 있었던 것이다. "단지 훌륭한 주석서나 강해서를 갖거

---

8 John Piper and Justin Taylor eds., *A God-Entranced Vision of All Things: The Legacy of Jonathan Edwards* (Wheaton: Crossway, 2004), 123에서 재인용.

9 Jonathan Edwards, "Diary," WJE 16:780.

나 훌륭한 경건서적을 갖는 것만으로는 하나님께서 설교라는 제도를 세우실 때 마음속에 품으셨던 목적을 만족시킬 수가 없다."[10] 아무리 좋은 주석이나 강해를 참고한다 해도 말씀에 대한 깊은 자신만의 체험과 묵상이 목회자에게 우선임을 증언하고 있는 대목이다. 그리고 에드워즈의 성경에 대한 열심과 친밀함이 그의 주옥같은 설교들과 신학 작품의 기반이 되었음은 두말할 필요가 없다.

4) 설교

에드워즈는 설교의 중요성을 충분히 인식하고 있던 목회자였다. 청교도 전통에서 설교의 목적은 설교를 듣는 교인들의 마음을 움직여서 영적이고 도덕적 결단을 통해 거룩하게 살도록 함에 있다. 에드워즈는 설교의 중요성을 잘 알고 있었기에 상당한 시간과 노력을 설교 작성에 기울였다. 그는 설교의 중요성에 대해 다음과 같이 기술했다.

> 신령한 것들을 인간의 마음과 감정에 각인시키는 것은 분명히 하나님이 정하신 위대하고 주요한 목적이다. 따라서 성경에 있는 하나님 말씀이 설교를 통해 열려지

10　Jonathan Edwards, *Religious Affections*, WJE 2:115-16.

처음 공부하는 조나단 에드워즈

고, 적용되며, 사람의 마음에 자리 잡기 원하신다. … **하나님은 자신의 말씀을 설교로 사람에게 생생하게 적용하도록 정하셨다.** 설교는 죄인들에게 영향을 주는 적절한 도구로 작용하는데, 신앙의 중요성에 대해, 죄인들의 비참함과 치료책의 필요성에 대해, 제공된 치료책의 영광과 충분함에 대해 알리며, 성도의 정결한 마음을 휘저어 감정을 자극한다.[11]

에드워즈는 설교가 중요한 영적인 도구로 유용하게 성도들의 마음에 역사하는지를 인식하고 있었기에 그의 한 주간 시간 계획과 일정을 모두 주일 설교에 초점을 맞추었다. 그에게는 설교야말로 믿음과 경건에 속한 중요한 사항들, 즉 타락 이후 인간의 비참한 현실에 대해, 그리고 이를 치유할 필요성과 구속 사역의 영광스러움과 충분함에 대해 진리를 전달하고 죄인들을 깨우칠 수 있는 효과적인 도구였던 것이다.

에드워즈는 1,200여 편의 설교를 남겼는데 그 형태를 살펴보면, 당시 청교도들에게 보편적이던 본문(text)-주해(exegesis)-교리(doctrine)-적용(application)으로 구성되었다. 먼저 에드워즈는 설교할 주제와 이에 대한 짧은 본문을 선택한 후 간략한 본문 주해를 통해 역사적 배경 등을 설명하면서 도입

11　Edwards, *Religious Affections*, WJE 2:115.

부에서 본문에 대한 이해도를 높인다. 이어 설교의 핵심이 되는 교리 부분에서 설교가 지향하는 주제를 하나의 정리된 신학적 명제로 서술하고, 그 교리를 성경적인 논증과 신학적 설명으로 풀어나가는 방식이었다. 여기에서 교리라고 할 때 우리는 조직신학적 교리를 생각하기 쉬우나 그보다는 설교를 이끌어가는 중심 사상 정도로 이해하는 것이 좋다. 대주제가 되는 교리와 이에 부합한 소주제가 설교의 본문을 구성하였다. 마지막 부분에서는 이제까지 설교한 주제와 내용을 적용하는 부분으로 설교를 듣는 청중의 생활과 실천을 위한 구체적인 적용을 시도하여 삶의 변화를 추구하였다. 당시 개혁파 목회자들은『웨스트민스터 예배 모범』(Westminster Directory)에 따라 성도들의 삶에 적용할 수 있는 실천적 모범을 강조하고자 노력했다.

에드워즈의 설교 스타일은 조용하면서도 위엄을 가지고 있었고 청중들의 마음을 하나님과 거룩한 일에 집중하도록 하는 능력은 최면에 가까웠을 정도였다.[12] 설교원고에는 사람들의 감정에 호소하고자 원고 여러 곳에 강조하는 표시들을 적어놓고 이를 통해 사람들의 반응을 이끌어내고자 했다.[13] 그의 설교 방식은 1740년대 초반까지는 원고 전체를 완전하게 작성

---

12 Piper and Taylor eds., *A God-Entranced Vision of All Things*, 84.

13 Douglas A. Sweeney, *Jonathan Edwards and the Ministry of the Word* (Downers Grove: IVP, 2009), 74-76.

처음 공부하는 조나단 에드워즈

해서 설교했지만 이후 대각성운동을 거치면서 원고를 간략하게 작성하는 형태로 바뀌었다. 그 이유를 추론하기로는 노스햄턴 교회를 방문하고 교제했던 부흥사 조지 휫필드(George Whitefield, 1714-70)가 형식에 구애받지 않는 강력한 설교를 통해 성도들에게 크게 은혜를 끼치는 모습을 직접 보면서 도전받은 것으로 보인다. 에드워즈는 이후 원고내용에 제한되기보다는 풍성하게 역사하시는 성령을 철저하게 의지하면서 자유롭게 적용하는 설교를 선호하였다.

이외에 에드워즈는 노스햄턴 교회의 주일예배에 사용한 설교문을 전부나 일부를 그대로 다른 곳에서도 자유롭게 사용하였다. 물론 그의 설교는 여러 상황과 여건에 맞게 적절하게 수정되곤 했다. 그가 노스햄턴에서 해임되고 스톡브리지에 가서 인디언들을 대상으로 설교할 때에는 보다 쉬운 단어와 예화를 이용하고 목회자들을 위한 특강의 경우에는 더욱 신학적이고 복잡한 단어들을 채택하기에 주저하지 않았다. 적용 부분에서는 듣는 청중들과 그때의 분위기에 따라 상당히 많은 부분이 유연하게 변경되었다.

5) 찬송

설교자로서 에드워즈가 예배에 참석한 회중의 마음과 감정에 설교를 통해 호소하는 것을 중요하게 여긴 만큼이나 그는 예배에서 음악과 찬송의 역할에도 상당한 관심을 기울였다. 특별히 그는 종교음악(sacred music)이 사람의 마음을 부드럽게 하고 감정을 조화롭게 하며 초월적인 것들에 대한 관심을 유발하는 효과가 있다고 언급한다.[14] 개인의 경건생활에서도 찬양은 매우 중요한 요소 중의 하나였다. 그는 말씀을 묵상하고 고백하며 기도하고 숲이나 호젓한 곳을 산책할 때는 그 묵상한 내용을 노래하는 일이 자신의 습관이었다고 한다. 이외에도 에드워즈는 젊은 날 연인이자 아내가 된 사라 피어폰트와 사랑에 빠져 있는 중에 기록한 1723년 9월 22일자 일기에서도 "시편을 노래하고 내 마음의 묵상을 노래함으로 하나님을 찬양하자"[15]라고 사랑의 기쁨을 시편의 찬양과 함께 표현하고 있기도 하다.

당시 찬송가가 뉴잉글랜드에도 도입되어 예배 때 합창이나 파트로 찬송하고 있었다. 에드워즈는 특별히 합창을 선호했다. 노스햄턴 교회에서도 전임자인 솔로몬 스토다드(Solomon Stoddard, 1643-1729)때부터 교구민 가운데 몇 사람은 화음으로 노래하고 있었다. 또한 에드워즈가 부흥을 위해 국제적 교류를 추진했던 인물들 중 한 사람이 바로 찬송시로 유명했던 아이작 와츠(Isaac Watts, 1674-1748)이기도 하다. 에드워즈는 청교

---

14 Jonathan Edwards, "135. To Sir William Pepperrell," WJE 16:411.

15 Edwards, "Diary," WJE 16:781.

처음 공부하는 조나단 에드워즈

도 예배 관습에 따라 시편찬송을 드렸고 마음과 감정의 부흥을 위해 찬송가를 유용하게 사용했다. 그는 부흥의 때에 큰 소리로 마음을 다해 3부로 찬송했다는 사실을 자랑스럽게 기술하기도 한다. 또한 그는 노스햄턴 교회에서 사임하고 변방인 스톡브리 지에 가서도 인디언 사역을 하며 찬송으로 하나님께 영광 돌리 도록 음악을 인디언들에게 가르쳤다.

6) 기도

목회자로서 에드워즈는 성경과 함께 기도의 사람이기도 했다. 그는 영적 부흥과 세계복음화를 위해 영국과 스코틀랜드 목회자들과의 국제적 네트워크를 통해 기도합주회(Concert of Prayer)를 분기별로 개최하였다. 그는 기도를 자기 안의 타오르 는 심령이 발산되는 호흡과도 같은 것이라고 묘사한다. 앞에서도 언급했던 것처럼, 그는 예수님이 보여주신 모범을 따라 아침 일찍 일어나 개인 기도를 하고 저녁에 특별한 방문객이나 모임이 없는 경우에는 한적한 곳에 말을 타고 나가 자연을 즐기며 묵상과 기도 를 하나님께 드렸다. 그리고 이 시간을 통해 그는 하나님의 영광 과 구원의 기쁨을 체험하는 영적인 생활을 즐겼다. 이런 깊은 묵 상가운데 맺은 결실이 바로 그의 신학묵상일기(Miscellanies)이 다. 에드워즈의 인상적인 묵상 습관을 살펴보자.

상당한 거리를 홀로 말을 타고 가면서 그[에드워즈]는 다소 인위적인 기억 방식을 선택했다. 정해진 사고의 주제를 타당한 결론에 이를 때까지 생각한 뒤 외투의 정해진 위치에 작은 종이 조각을 핀으로 고정해 두고 마음에 그 주제를 생각하면 그 종이 조각을 떠올리는 것이다. 그리고는 두 번째 사고의 주제에 대해서도 똑같은 과정을 반복하며 외투의 다른 곳에 종이 조각을 붙여놓고, 시간이 허락하는 한 세 번째, 네 번째 사고의 주제에 대해서도 그와 동일하게 했다. 며칠간 말을 타고 나갔다가 돌아올 때는 보통 이런 상당수의 종이 조각들이 잔뜩 옷에 붙어있었고 집에 와서는 서재로 가면서 종이 조각들을 하나하나 정해진 순서대로 떼어내며 각기 종이 조각들을 통해 떠올린 연속적인 사고의 흐름을 기록해 두곤 했다.[16]

그리고 종이 조각이 없는 경우에는 천 조각을 이용했다. 요사이 스마트폰과 컴퓨터가 일상화된 시대에 에드워즈의 방법은 다소 생소하게 생각되지만, 그가 바쁜 일정 가운데 자신의 영적 체험과 묵상의 내용을 기억하려고 했던 그의 노력은 바쁘다는 핑계로 주요한 일들과 약속들을 놓쳐버리곤 하는 현대인들이 참고할 모습이다.

에드워즈는 청교도 전통에 따라 그리스도인의 의무중 하

---

16   Piper and Taylor eds., *A God-Entranced Vision of All Things*, 115.

처음 공부하는 조나단 에드워즈

나를 기도로 규정하고 이를 제대로 하지 않는 자들을 청교도들이 가장 경계한 믿음의 위선자들로 보았다. "기도의 의무가 결여된 위선자들"(Hypocrites Deficient in the Duty of Prayer)이라는 설교에서 그는 이렇게 강조한다.

> 나는 자기가 참된 회심자라는 소망을 품고 그런 거짓된 회심을 한 뒤로는 은밀히 기도해야할 의무를 저버리고 항상 기도를 건너뛰는 사람들에게 헛된 소망을 버리라고 충고하고 싶습니다. 여러분이 하나님께 간구하기를 그만두었다면, 이제는 자기가 하나님의 자녀라고 상상하며 자기 멋대로 헛된 소망을 품는 것도 그만두어야할 때입니다.[17]

에드워즈에게 기도는 하나님의 자녀들이라면 마땅히 드려야할 영적인 의무였기에 기도를 제대로 드리지 못하는 사람들이라면 과연 그들이 하나님의 자녀라고 자신을 속이고 착각하고 있지는 않은지를 점검해야할 것을 엄중하게 지적하는 것이다. **기도하지 않는 그리스도인**이 얼마나 무서운 존재인지를 에드워즈가 깨닫게 해준다.

이외에도 에드워즈는 저녁시간에 가족들과 함께하는 기

---

17 Piper and Taylor eds., *A God-Entranced Vision of All Things*, 115에서 재인용.

도회를 가졌다. 하루를 마무리하는 시간에도 사라가 그의 서재로 와서 함께 기도했다. 또한 특별한 기도 제목이 있는 경우에는 은밀히 금식하며 더 많은 시간을 기도에 할애했다.[18]

7) 사랑

목회자로서 에드워즈는 성도들을 차별 없이 대하면서 그들 각자가 지닌 가능성을 열어두고 이를 성장하게 돕는 역할을 감당했다. 먼저 그는 코네티컷 벨리 부흥이 일어나자 영적 현상이 어린 아이들에게도 일어나는 모습을 보고 편견이나 선입견을 두지 않고 그들의 영적인 체험을 생생하게 다루었다. 『놀라운 부흥과 회심이야기』(A Faithful Narrative)에 4살된 피비 바틀릿(Phebe Bartlet)의 영적 체험을 기록하고 있다. 에드워즈는 피비의 체험을 어른들이 체험한 동일하신 성령으로 기술하고 있다. 전통적인 가부장제 사회에서 연소함을 무시하지 않고 어떤 누구보다 영적 체험의 진정한 증인으로 4살 된 아이를 존중하며 기술하고 있는 것이다. 이런 모습은 아내인 사라 에드워즈의 영적 황홀경 체험을 위대한 그리스도의 증인으로 존경을 담아 기록하고 있는 모습에서도 확인할 수 있다.

---

18 George M. Marsden, *Jonathan Edwards: A Life* (New Haven and London: Yale University Press, 2003), 133.

처음 공부하는 조나단 에드워즈

또한 스톡브리지에서 인디언 사역을 하면서도 에드워즈는 인디언들이 앞으로 하나님 나라에 크게 쓰임 받을 것으로 예상하고 그들을 차별 없이 대우했다. 자신의 아들 조나단 에드워즈 주니어(Jonathan Edwards Jr., 1745-1801)가 인디언 아이들과 친구로서 그들의 말을 배우도록 해서 생각까지 인디언 언어로 하게 되었다. 인디언들에 대한 차별이 일반화되어 있던 시절에 당시 자녀까지 인디언 언어를 배우게 했던 모습은 진정 그들에 대한 형제애에서 시작되었다고 단언할 수 있을 것이다. 그는 더 나아가 기독교 진리가 앵글로 색슨인 자신들에게 먼저 들어와 받아들여서 문명화가 이루어졌을 뿐, 인디언들도 동일한 조상인 아담의 뿌리에서 나온 후손들이기에 교육으로 인해 그들도 계몽된다면 동일한 하나님의 백성으로 역할을 하게 될 것이라고 꿈꾸었다. 복음이 전파되어 천년왕국이 도래하게 되면 아프리카 흑인들과 인디언 가운데에서도 위대한 신학자들이 배출될 것이라는 믿음을 가지고 있었다. 당시 목회자가 최고의 지성인으로 존경받는 사회에서 이러한 그의 믿음은 에드워즈가 얼마나 인디언들과 흑인들에 대해 인격적 존재로서 애정을 가지고 있었는지를 보여주는 좋은 모범이다.

이제까지 살펴본 것처럼, 에드워즈는 굳건한 신앙에 기초하여 신념이 강한 인물로 어떤 상황에서도 자신의 원칙이 성경적이라 생각하면 이를 끝까지 지키려 했다. 이런 모습이 부정적으로 작용한 일례가 있다면 대표적으로 1742년 노스햄턴 서약을 들 수 있다. 이 서약은 마을 사람들이 경건하게 살도록 요구하는 내용이 담겨 있는데, 이로 인해 오히려 그 요구대로 살지 못하는 마을 사람들뿐 아니라 목회자인 에드워즈에게도 대단한 실망감을 안겨주었다. 또한 교인들이 불만을 품게 된 나쁜 책 사건(Bad Book Case)이나 성찬 논쟁도 사실 그가 교인들의 반응에 다소 유연하거나 양보하는 입장을 보이기만 했어도 노스햄턴 교회에서 해임되지는 않았을 것이다. 하지만 그는 존경하는 목회자이자 외할아버지인 스토다드가 수십 년간 지켜온 전통도 성경적이 아니라고 판단되면 이를 수정하고자 어떤 희생도 감수했던 모습을 확인하게 된다.

(2) 아버지 에드워즈

에드워즈는 한 가정을 이끄는 가장으로서 아내 사라와의 사이에 아들 셋, 딸 여덟으로 열한 명의 자녀를 두었다.[19] 미국 독립 이전이었기에 18세기 영국 상류계급의 남자로서 그는 청

---

19 에드워즈의 자녀들의 출생 연대는 다음과 같다. 사라(Sarah, 1728년), 제루샤(Jerusha, 1730년), 에스더(Esther, 1732년), 메리(Mary, 1734년), 루시(Lucy, 1736년), 티모시(Timothy, 1738년), 수산나(Susannah, 1740년) 유니스(Eunice, 1743년), 조나단 주니어(Jonathan Jr., 1745년), 엘리자베스(Elizabeth, 1747년), 피어폰트(Pierrepont, 1750년)가 있다.

처음 공부하는 조나단 에드워즈

교도 전통을 이어받아 영적인 권위를 지닌 가장이 가정을 이끌어가는 이상을 가진 가부장제 사회의 영향 가운데 살았다. 청교도의 언약신학에 기초해 가정을 언약공동체로 보았기에 자녀들의 교육과 신앙은 주된 관심사였다.

따라서 어린 시절부터 자녀들에게 하나님을 신뢰하고 강력한 영성을 심어주려 노력했다. 이를 위해 에드워즈는 매일 아침마다 하루를 시작하기 전 성경을 한 장씩 읽어주고 서재에서 개인적으로 자녀들에게 특별한 관심을 가지고 신앙의 문제들을 나누었다. 토요일 저녁시간에는 웨스트민스터 소요리문답을 이용하여 기독교 교리를 가르치는 시간을 가졌는데, 자녀들이 교리를 단순히 암송하는 것으로 그치지 않고 각자 나이와 능력에 따른 질문을 던지고 답하게 하여 교리의 내용을 깊이 이해하고 있는지를 점검하였다. 이는 자연스럽게 가족이 주일을 준비하는 시간이기도 했다.[20] 또한 조지 횟필드와 같이 특별한 손님이 집을 방문하는 경우에는 이를 기회로 삼아 자녀들에게 말씀을 가르치도록 요청하였다. 신앙적인 면 외에도 에드워즈는 자녀들과 친밀한 관계를 유지했는데, 말을 타고 야외로 나가는 경우에 자녀들 중 한 명을 함께 태우고 나가 자연을 감상하고

---

20 Hopkins, *The Life and Character of the Late Reverend, Learned and Pious Mr. Jonathan Edwards*, 47.

바람을 쐬면서 대화하는 시간을 가졌다.

자상한 아버지였지만 에드워즈는 자녀들이 잘못을 저질렀을 경우에는 영적 권위로 훈육하는 엄격한 모습도 보여준다. 가족들이 지켜야 할 규율 중에 자녀들은 저녁 9시 이후에는 외출할 수 없었으며 방문한 친구들도 그 시간에는 집으로 돌아가야 했다. 또한 에드워즈는 자녀들이 잘못을 저질렀을 때 감정적으로 흥분하거나 체벌하기보다는 자신의 잘못을 깨닫도록 자녀들을 따끔하게 가르쳤다.[21]

에드워즈는 자녀들의 신앙 성장과 함께 병으로 아파하는 경우에 특히 마음을 많이 쏟았다. 1741년 장녀이자 당시 12살이던 사라에게 보내는 편지에서 이를 확인할 수 있는데, 병약하던 사라가 삼촌 집을 방문해서 부모와 떨어져 있는 동안 개인적으로 신앙이 성장했다는 소식을 듣고 매우 기뻐하는 아버지의 모습을 보여준다.

1741년 6월 25일, 노스햄턴에서
사랑하는 아이야,
엄마는 네가 떠난 이후 네가 보낸 두 통의 편지를 받았다. 우리는 네가 잘 지내고 있으며 레바논에서 신앙이 성장하였다는 소식을 들으니 기쁘다. 네 영혼의 유익을

---

21 Hopkins, *The Life and Character of the Late Reverend, Learned and Pious Mr. Jonathan Edwards*, 47-48.

처음 공부하는 조나단 에드워즈

위해 너의 큰 도움이 되는 하나님에게 자라가길 소망한다. 너의 몸이 매우 약하기에 염려가 된다. 비록 네가 오래 살지 못하더라도 사는 동안 다른 사람들처럼 건강하지 않다고 인생의 기쁨을 누리지 못할 것은 없다고 본다. 네가 [신앙이] 성장하지 않는다면 정말 비참할 것이다. 하지만 네 영혼이 성장한다면 건강이 어떠하든지 축복받은 사람으로 행복하게 살 수 있을 것이다. 네가 그리스도를 많이 만나고 소통하기 바라고 또한 친절함으로 인해 모든 사람에게 칭찬받는 사람이 되기를 바란다.

너의 사랑하는 아빠, 조나단 에드워즈[22]

에드워즈는 병약한 딸이 집을 떠나 있기에 마음이 많이 쓰였던 것으로 보인다. 심지어 그녀가 오래 살지 못할 수도 있다고 염려한다. 하지만 그에게 무엇보다 기쁜 소식은 사랑하는 자녀가 신앙이 성장해서 하나님과 긴밀한 교제를 나눈다는 내용이었다. 믿음의 가장인 에드워즈에게 자녀에 대한 부모로서 참된 사랑과 기쁜 소식은 회심하여 하나님의 백성이 되는 것이었기 때문이다. 자녀들에게 보내는 여러 편지에서 우리는 위의 내용과 비슷하게 신앙의 문제를 강조하는 그의 모습을 발견할 수 있다. 1749년 당시 15세인 메리(Mary)에게 보내는 편지에서도 에드워즈가 드리는 매일의 기도는 그녀가 어디에 있든, 어떤

---

22   Jonathan Edwards, "33. To Sarah Edwards," WJE 16:95-96.

상황에서든 하나님의 선하신 뜻 가운데 그분과 인격적인 만남과 교제를 통해 인생의 진정한 평안을 얻기를 바라는 것임을 재차 확인할 수 있다.[23]

자녀가 어릴 때뿐 아니라 장성해서 결혼하여 독립한 후에도 에드워즈는 지속적으로 마음을 쓰는 아버지의 모습을 에스더(Esther)에게 보내는 편지에서 보여준다.

> 1753년 3월 28일, 스톡브릿지에서
> 사랑하는 아이야,
> 우리는 네가 여러 점에서 [건강이] 좋아지고 있다는 소식을 듣게 되어 기쁘다. 하지만 너의 몸이 아직 약하기에 염려가 된다. … 너의 건강을 위해 방울뱀 한 마리를 얻었다. … 너에게 유용한 약으로 잘 사용하기 바란다. 너의 위가 매우 약하니 견디기 힘들다면 조금 적게 복용하도록 해라. 조금의 인삼도 보낸다. 다양한 방법을 시도해보는 게 좋을 것 같다. 인삼을 물에 끓여서 적절한 양을 먹도록 해라. 포도주에 담그는 것도 좋을 것이다. … 무엇보다 휴식을 취하면서 날씨가 좋다면 [운동으로는] 말을 타는데 피곤하지 않을 정도로 해라. 감기에 걸리지 않도록 조심해라. 의사에게 진찰을 자주 받고 그들의 말을 경청하도록 해라. [아론] 버와 네가 티미에게 진정 어린 관심으로 자주 조언해주기를 바란다.

---

23   Jonathan Edwards, "99. To Mary Edwards," WJE 16:289.

처음 공부하는 조나단 에드워즈

하나님께 너를 맡겨드리며 우리는 매일 너를 위해 기도
하고 있단다.

너의 사랑하는 아빠, 조나단 에드워즈[24]

　결혼한 딸의 건강을 챙기며 특별히 위가 약하니 조심해서
약을 복용하도록 권고한다. 특별히 당시 민간요법으로 사용되
던 방울뱀과 인삼을 어떻게 먹어야 하는지도 상세히 챙기는 에
드워즈의 모습을 통해 딸과 허심탄회하게 소통하는 아버지의 모
습이 매우 인상적이다. 에드워즈도 병약했고 스톡브릿지에서의
열악한 환경으로 인해 자신의 건강을 유지하기 위해 유용하게
사용하던 민간요법을 딸에게도 전달하고 있는 것으로 보인다.

　또한 에드워즈는 자녀들의 위기 때에는 그들이 의지할 수
있는 영적 권위를 지닌 아버지의 모습을 보여준다. 사위인 아론
버(Aaron Burr, 1716-57)가 갑작스럽게 하나님의 부르심을 받고
그의 아들 아론 버 2세도 죽음의 문턱에 놓일 정도로 아파하자
이를 가장 힘들어할 에스더에게 신앙적인 권면을 남기고 있다.

　　하나님이 크신 지혜를 발휘하셔서 너를 고치시는 동안 드
　　러나는 그분의 부드러운 사랑과 긍휼하심이여! 참으로
　　그분은 신실한 하나님이시다. 그분은 자신의 언약을 영

---

24 Jonathan Edwards, "165. To Esther Edwards Burr," WJE 16:576-
78.

원히 기억하시며, 자신을 믿는 자들을 버리지 않으신
다. 하지만 이 빛이 지나고 먹구름이 다시 몰려온다고
해도, 놀라거나 네게 이상한 일이 일어났다고 생각하지
마라. 햇볕이 영구적으로 내리쬐는 일은 세상에서는 드
문 일이며 심지어 하나님의 참된 성도들에게도 그렇단
다. 그래도 소망하기로는 하나님이 어떤 면에서 얼굴을
숨기신다면 심지어 이것도 하나님이 너에게 신실하시
며 너를 정결케 하셔서 더욱 밝고 좋은 빛에 합당하도
록 하시는 것이기를 바란다. [25]

아버지로서 힘들고 어려운 일을 당하는 딸을 위로하면서
도 단지 피상적인 위로로 그치지 않고, "먹구름이 다시 몰려온
다고 해도 놀라거나 이상하게 생각하지 말라"는 말을 통해 깊은
자신의 영적 체험 가운데 하나님의 선하심을 항상 의지하고 그
분의 주권적 인도하심에 기꺼이 주어진 인생의 길을 순종하며
받아들일 것을 권면하는 에드워즈의 모습을 확인할 수 있다.

(3) 남편 에드워즈

에드워즈는 사라 피어폰트(Sarah Pierpont)와 결혼하여
모범적인 가정을 이루었다. 두 사람은 에드워즈가 예일대학 재
학시절부터 만났지만, 에드워즈가 대학 졸업 후 뉴욕에서 목회

---

25 Jonathan Edwards, "231. To Esther Edwards Burr," WJE 16:730.

처음 공부하는 조나단 에드워즈

하는 동안 떨어져 지냈다. 그 이후 그가 모교의 교수직을 수락하여 다시 뉴 헤이븐(New Haven)으로 돌아왔을 때인 1723년에 재회하여 교제를 이어오다 1725년 봄에 약혼하였다. 에드워즈가 사라와 열애에 빠졌던 시절, 연인의 아름다움을 표현한 글을 보면 사랑꾼 에드워즈를 만나게 된다. 확실히 그는 사라와 깊은 사랑에 빠져있었다.

> 세상을 만들고 다스리시는 전능한 존재의 사랑을 받는 한 젊은 여인이 [뉴 헤이븐]에 있습니다. 그녀의 마음은 놀라운 달콤함, 평안함, 보편적인 박애정신을 가지고 있습니다. 특별히 위대한 하나님이 그녀의 마음에 자신을 드러내신 후에 더욱 그렇습니다. 그녀는 때로 달콤하게 노래를 부르며 이곳저곳을 다니며, 항상 기쁨으로 충만한데, 왜 그런지는 어떤 누구도 알지 못합니다. 그녀는 혼자 있으면서 들판과 산들을 돌아다니기를 좋아하는데 항상 그녀와 대화를 나누는 보이지 않는 어떤 존재가 있는 것 같습니다.[26]

에드워즈는 사라를 위해 산문체의 시를 지으면서 그리스도인으로서 그녀가 지닌 아름다움을 묘사한다. 사라의 아름다움은 단지 외모뿐 아니라 그녀와 함께하시는 하나님으로 인한

---

26 Jonathan Edwards, "On Sarah Pierpont," WJE 16:789-90.

것이었다. 에드워즈는 사라가 지닌 영적 아름다움으로 인해 더욱 사랑하게 되었던 것이다. 특별히 사라가 산책하며 자연 속에서 하나님과 깊은 영적 교제를 나누기를 즐겨하는 모습에서, 에드워즈는 자신도 비슷한 습관을 가졌기에 이후 두 사람의 부부 관계를 표현한 말이었던 "비상한 연합"(Uncommon Union)은 이처럼 연애 시절부터 이미 시작되고 있었던 것으로 보인다.

모형론(typology)에 기반해서 에드워즈에게 연인간의 사랑은 그보다 차원이 높은 하나님 사랑의 상징이자 모형이었다. 1726년 1월 그는 지상의 사랑과 천상의 사랑을 대조하면서, "지상의 연인들은 얼마나 빨리 서로에게서 더 이상 아름다움을 찾지 못하게 되는가, 얼마나 빨리 볼 것을 다 보아 버리는가!"라는 탄식을 한다. 이처럼 높은 영적 기준을 가진 에드워즈였기에 그는 사라와의 열애로 인해 마음에 죄를 지을까 경계하면서 이를 극복하고자 하는 내면의 싸움을 자신의 일기에 적었는데, 결혼하기 전 3년 동안을 전반적으로 자신의 영적 침체의 시기로 규정하고 있으며 1723년 어느 일기에서는 자신의 마음이 사악하고 상당히 부패하였지만 경건의 노력으로 인해 다시 회복되는 중이라고 기술하기도 했다.

마침내 에드워즈와 사라는 1727년 7월 28일 결혼의 열매를 맺게 된다. 신랑은 스물넷, 신부는 열일곱 살의 청춘이었다. 에드워즈는 결혼을 신랑되신 예수 그리스도와 신부된 교회와의 영적인 연합을 예표하며, 해산의 고통은 새 생명을 위한 교회의 인내와 고통을 상징하는 것으로 해석했다. "자녀를 출산하는 여자들의 산고와 엄청난 고통은 그리스도를 탄생시키고 그분의 자녀들을 불러 모으기 위해 교회가 겪은 박해와 고난의 예표이다. 또한 그리스도를 탄생시킬 때 영혼이 겪은 영적 고통의 모형이기도 하다."

사라를 진심으로 사랑하고 영적 교제까지 나누었지만 남편으로서 에드워즈에게 자상한 남편으로 후한 점수를 주기에는 힘든 것 같다. 그는 약한 체질로 병상에 자주 누웠으며 말씀 묵상에 전념하고자 아내가 정성스레 준비한 저녁식사를 자주 걸렀고, 가장으로서 남자들이 해야만 하는 가정의 여러 소소한 일들에 대해 잘 알지 못했다. 구체적으로 언제 그리고 누구에게서 겨울을 위한 식량을 모아들여야 하는지 또는 자기가 얼마나 많은 암소를 키우고 있는지 등을 알지 못했다.[27] 가정의 집안일 대부분은 아내의 몫이었던 것이다. 물론 18세기 당시와 현재 우리 사회에서 가장에게 부과되는 역할과 평가가 다르기에 일방적으로 평가하기에는 다소 무리가 있으며, 위의 사실을 인정한다고 해도 에드워즈가 남편으로서의 역할에 소홀했기보다는 아내와 남편의 하는 일이 명확히 구별되어 있었던 것으로 보인다.

---

27 Marsden, *Jonathan Edwards*, 135.

이외에도 에드워즈의 집에는 당시 관습에 따라 그에게 도제식으로 목회를 배우고자 하는 상당히 많은 방문객들이 함께 머물렀기에 안주인인 사라는 방문객들을 포함한 대가족의 음식과 청소, 빨래를 책임져야 했고 소유한 가축들을 기르는 일을 담당해야 했다. 이외에 구체적으로 당시 사라가 해야 했던 집안일들을 생각해 본다면 장작을 가져와서 불을 피우고, 가족이 입을 옷, 빗자루와 양초 등의 생필품을 직접 만들고, 농작물을 경작하여 거두어 보관하고, 아기를 돌보고, 아이들을 훈육하고 가르치는 일들이었다. 1728년부터 2년 간격으로 11명의 아이를 사라가 가졌기에 이런 집안일들은 거의 그녀가 갓난아이를 키우거나 임신한 상태에서 감당해야 했음을 감안할 필요가 있다. 이외에도 그녀는 자기 집을 방문하고 거주하는 이들의 영적인 상태도 살피면서 때로 필요하면 조언도 아끼지 않았는데, 에드워즈 집에 머물던 홉킨스가 자신의 영적 방황에 대한 고민을 토로하자 사라는 홉킨스가 자기 집에 온 이후로 매일 그를 위해 기도하고 있었으며 앞으로 힘든 시절을 지나 깊은 영적 체험을 하게 되면 하나님이 맡기시는 귀한 일을 감당할 일군으로 크게 사용하실 것이라고 격려하였다.[28]

이처럼 에드워즈 가정에서 사라의 역할은 그 비중이 크고

---

28 Piper and Taylor eds., *A God-Entranced Vision of All Things*, 66.

처음 공부하는 조나단 에드워즈

중대했기에 그녀가 가정을 비우는 일은 상상할 수 없는 일이었다. 그녀가 친척의 병문안을 위해 보스턴을 방문하면서 몇 주간 집을 떠나 있는 동안 에드워즈는 자신에게 상당히 힘든 시간이었음을 토로하였다. 사라에게 보내는 편지에서 에드워즈는 "이제 당신 없이 지내는 데 거의 적응이 될 만큼 떨어져 있었던 것 같다"[29]고 하면서 아픈 아이들을 간호하고 그동안 아내의 일을 메우는 것이 얼마나 힘들고 어려웠는지를 간략하게 표현하고 있다. 이를 통해 우리는 가정과 남편을 위한 사라의 헌신이 없었다면 과연 오늘날 우리가 기억하는 에드워즈가 존재할 수 있을까? 라는 생각을 하게 된다.

영적 권위를 지닌 훌륭한 가장이던 에드워즈였지만 그는 교회에서 해임당하면서 곧바로 생계 문제로 인해 많은 걱정과 부담감을 가져야 했다. 그가 해임된 지 한 달 만에 마을 주민들은 목회자인 에드워즈에게 사례로 지급되던 목초지를 더 이상 사용하지 못하도록 결정했다. 이 당시 그의 절박함을 스코틀랜드의 목회자인 존 어스킨(John Erskine)에게 보내는 편지에서 적고 있다. "나는 이제 세상의 망망대해에 던져진 것과도 같으며 나와 나의 수많은 가족들에게 어떤 일이 일어날지 모르겠네." "나는 공부하는 것 외에 잘하는 것이 아무것도 없다"고 한

---

29 Jonathan Edwards, "85. To Sarah Pierpont Edwards," WJE 16:247.

다.[30] 이를 통해 그가 많은 가족들을 이끄는 가장으로서 얼마나 무거운 책임감 속에 살았는지를 보게 된다.

에드워즈는 사라를 신앙의 동역자(companion)로 평생 존중하였음은 그의 편지 등 여러 기록을 통해 확인할 수 있다. 사라는 결혼 이전부터 뛰어난 영성의 소유자였기에 그녀와의 "비상한 연합"을 이루며, 결혼생활이 지날수록 인생의 폭풍우 가운데에서도 두 사람의 신뢰와 믿음은 더욱 두터워졌다. 에드워즈는 자신이 숨을 거두는 마지막 순간 딸 루시(Lucy)에게 부탁한 유언에서 "아내에게 나의 따뜻한 사랑을 전해주기 바란다. 오랫동안 우리 두 사람을 묶고 있던 비상한 연합은 영적인 것이기에 영원히 믿는다고 전해주길"이라는 유언을 남겼다. 천연두 예방접종의 부작용으로 인해 에드워즈는 죽음이 엄습한 극심한 고통을 겪으면서도 사랑하는 아내와 비상한 연합을 이루었던 아름다운 모습을 회상하였던 것이다.

에드워즈는 자신의 아내가 한 영적인 체험을 매우 구체적으로 기술하고 있는데, 이를 통해 에드워즈가 목회자임에도 불구하고 아내를 영적으로 인정하고 그녀의 소중한 체험을 기꺼이 인정하는 모습도 확인할 수 있다.

---

30 Jonathan Edwards, "117. To the Reverend John Eerskine," WJE 16:355.

오늘날 특별히 높고도 비상한 체험을 한 사람을 잘 알고 있습니다. … 자주 오랜 시간 하나님의 완전하심의 영광과 그리스도의 탁월하심을 보면서 영혼이 완전히 압도되었으며 빛과 사랑, 달콤한 위로, 말로 할 수 없는 영혼의 안식과 기쁨에 사로잡혔습니다. 그리고 그리스도 인격의 무한한 아름다움과 다정함, 그분의 탁월하고 초월적인 사랑의 천상적인 달콤함에 대한 분명하고 생생한 감각이 몇 번이나 대여섯 시간 동안 아무런 방해 없이 지속되었습니다.[31]

에드워즈는 사라의 놀라운 영적 체험을 통해 자신도 해보지 못했던 체험을 한 그녀를 한 사람의 신실한 그리스도인으로 존중하였기에 복음적 경건(Evangelical Piety)의 사례로 들고 있는 것이다. 그리고 그는 고백하기를, "만일 부흥 때 생겨나는 이런 일들이 광신주의적인 것이며, 정신이 돌아서 생긴 것이라면 내 머리가 더욱 이런 정신병에 걸리게 되기를 바랍니다"[32]라고 적고 있다. 마지막으로 에드워즈 가정에서 며칠 머물며 두 사람을 본 휫필드의 고백은 인상적이다.

1740년 10월 19일 주일
나는 에드워즈의 집에 있는 것이 아주 만족스러웠다.

---

31 Jonathan Edwards, "Some Thoughts Concerning the Revival," WJE 4:331-32.

32 Edwards, "Some Thoughts Concerning the Revival," WJE 4:341.

이보다 더 사랑스러운 부부를 본 적이 없었다. 그들의
아이들은 … 모든 면에서 그리스도인의 겸손함의 본이
되어야 하는 사람들의 자녀처럼 검소했다.

에드워즈 부인은 온유함과 고요한 영혼으로 장식을 하
고 있었고, 하나님의 일을 확고한 마음으로 이야기했
다. 그리고 남편에게 너무나 훌륭한 내조자처럼 보여서
아내 될 이를 위해 아브라함의 딸을 보내 달라고 몇 달
동안 하나님께 올려드렸던 나의 기도를 새로이 불러일
으키게 했다.

주님, 제 자신이 선택하지 않았으면 합니다. 당신께서
저의 상황을 아십니다. 제가 단지 당신 안에서, 그리고
당신을 위해 결혼하고 싶어 하는 것을 당신은 아십니
다. … 저에게 맡겨진 이 큰 일을 이룰 수 있도록 저를
위해서도 내조자를 선택해 주십시오.

오늘 아침에 설교를 했는데 훌륭한 에드워즈는 나의 설
교를 듣는 동안 내내 흐느껴 울었다.[33]

아직 미혼이던 부흥가 휫필드에게 사라는 앞으로 자신이
결혼해야 할 이상적인 여성의 모습을 보여주었다. 에드워즈 가
정의 방문이 어느 정도 영향을 미쳤는지는 모르지만 휫필드는
다음해인 1741년에 평생의 반려자를 만나 결혼하게 되었다.

에드워즈가 하나님의 부르심을 받았다는 소식을 듣고 나

---

33 George Whitefield, *George Whitefield's Journals*, 엄경희 역, 『조지
     휫필드의 일기』 (서울: 지평서원, 2002), 654-55.

처음 공부하는 조나단 에드워즈

서 사라는 딸에게 남기는 편지를 통해 남편이 남긴 신앙의 유산을 기록했다.

> 내가 무슨 말을 하리요? 거룩하고 좋으신 하나님이 우리를 어두운 구름으로 덮으셨구나. 오 그 막대기에 입 맞추고 손으로 우리 입을 가리자구나. 주님이 그렇게 행하셨다. 주님은 나로 하여금 우리가 그와 함께 있었던 것에 대해 그 분의 선하심을 찬양하게 하는구나. 그러나 나의 하나님은 살아계시며 나의 마음을 받으신다. 오 나의 남편, 그리고 너희 아버지가 우리에게 남긴 유산이 참으로 크구나! 우리는 모두 하나님께 바쳐졌다. 내가 거기에 있고, 나의 사랑도 있다.

사라는 갑작스런 남편의 죽음의 소식 앞에서 슬픔 가운데에서도 하나님의 일하심을 인정하면서 그래도 하나님은 살아계시며 사랑하는 분으로 찬양을 올렸다. 이어서 "내가 거기에 있고, 나의 사랑도 있다"는 고백이야말로 에드워즈의 비상한 연합에 대한 사랑의 응답이었던 것이다.

(4) 더 읽어볼만한 책

인간 에드워즈의 모습에 대해서는 에드워즈의 전기를 기록하고 있는 다음 책들이 도움이 될 것이다.

Hopkins, Samuel. *The Life and Character of the Late Reverend, Learned and Pious Mr. Jonathan Edwards*. Northampton: Andrew Wright, 1804.

Marsden, George M. *A Short Life of Jonathan Edwards*. Grand Rapids and Cambridge: Eerdmans, 2008.
(번역본)『조나단 에드워즈와 그의 시대』 정상윤 역. 서울: 복있는사람, 2009.

Marsden, George M. *Jonathan Edwards: A Life*. New Haven and Lodon: Yale University Press, 2003.
(번역본)『조나단 에드워즈 평전』 한동수 역. 서울: 부흥과 개혁사, 2003.

Piper, John. and Justin Taylor eds. *A God-Entranced Vision of All Things: The Legacy of Jonathan Edwards*. Wheaton: Crossway, 2004.
(번역본)『하나님 중심적 세계관』 이용중 역. 서울: 부흥과 개혁사, 2004.

Sweeney, Douglas A. *Jonathan Edwards and the Ministry of the Word*. Downers Grove: IVP, 2009.
(번역본)『조나단 에드워즈의 말씀사역』 김철규 역. 서울: 복있는사람, 2011.

제 2 부
에드워즈의 세계관

처음 공부하는 조나단 에드워즈

3. 에드워즈의 창조

18세기에 뉴턴(Isaac Newton, 1643-1727)의 고전물리학과 자연과학이 눈부시게 발전했다. 계몽주의는 하나님을 배제한 유물론(materialism)에 기반을 두고, 세계를 단순히 자연법칙과 기계적인 운동의 연장과 확대로 받아들였다. 이러한 시대 흐름에 맞춰 기독교 내에서는 신앙의 내용을 이성적 진리에 한정시키는 이신론이 확장했다. 이신론(deism)은 세계가 이미 완성된 기계와 같으며, 단 하나의 법에 따라 움직이는 것으로 여겼다.[1] 에드워즈는 18세기 미국의 어느 다른 신학자보다 개혁주의에

---

1 Herman Bavinck, *Reformed Dogmatics* I, trans. John Vriend (Grand Rapids, MI: Baker Academic, 2003), 372.

처음 공부하는 조나단 에드워즈

대한 이신론의 위협을 심각하게 인식했다.[2] 그는 개혁주의를 계승하여 계몽주의 시대의 언어로 기독교 전통을 새롭게 담아내며, **"기독교 신앙과 인간 이성의 완벽한 조화"**를 추구했다.[3] 하나님이 세계를 창조했다는 명제를 단순하게 반복하지 않고, 이성을 적극적으로 활용하여 창조의 당위성과 필연성을 변증했다. 에드워즈가 이해한 하나님의 세계 창조를 재구성하여 개괄적으로 살펴보자.

(1) 창조의 주체 - 삼위일체 하나님

삼위일체 교리는 창조 교리에서 가장 중요하다. 창조 교리는 오직 삼위일체 하나님에 대한 고백에 근거하여 유지될 수 있다. 삼위일체 교리는 이신론에 대항하여 하나님과 세계 사이의 연관성을, 범신론에 대항하여 하나님과 세계 사이의 구별을 가능하게 한다.[4] 성경은 창조의 주체로서 한 본질과 세 위격으로 존재하는 삼위일체 하나님을 소개한다. 위격이라는 단어

---

2 Gerald R. McDermott, *Jonathan Edwards Confronts the God: Christian Theology, Enlightenment Religion, and Non-Christian Faiths* (New York: Oxford University Press, 1999), 34.

3 Jonathan Edwards, *Catalogues of Books*, WJE 26:120.

4 Herman Bavinck, *Reformed Dogmatics* II, trans. John Vriend (Grand Rapids, MI: Baker Academic, 2004), 332.

가 성경에 사용되지 않지만, 위격은 세 분이며 한 하나님을 자연스럽게 표현한다.[5] 인간은 한 본질, 한 위격을 가진 존재이기 때문에, 삼위일체를 이성으로 온전히 이해하는 것은 불가능하다. 교회사를 보면, 세 위격을 간과하는 양태론적 단일신론(monotheism), 한 본질을 무시하는 삼신론(tritheism), 동등한 세 위격을 부정하는 종속론(subordinationism)이 등장했다. 종교개혁자 칼빈은 논쟁 대상에 따라 어느 때에는 한 본질을, 다른 어느 때에는 세 위격을 강조함으로써 삼신론이나 일신론에 함몰되지 않는 기독교 삼위일체를 제시했다.[6]

17세기 말부터 영국에서 삼위일체 교리에 대한 논쟁이 발생했다. 18세기 계몽주의 시대에 소수의 영향력 있는 기독교인들은 삼위일체 교리를 영광스러운 신비가 아닌 비합리적인 방해물로 치부했다. 에드워즈는 계몽주의 시대에 삼위일체를 부인하는 이신론과 논쟁하며, 생애 마지막 20년 동안 삼위일체 교리의 합리성을 지켜나갔다.[7] 그는 무한하고 영원한 본

---

5 Jonathan Edwards, *Writings on the Trinity, Grace, and Faith*, WJE 21:181.

6 이오갑, "칼빈의 삼위일체론," 「신학사상」 134 (2006): 217-48.

7 Amy Plantinga Pauw, "The Trinity," *in Princeton companion to Jonathan Edwards*, ed. Sang Hyun Lee (Princeton, N.J.: Princeton University Press, 2000), 49-50.

처음 공부하는 조나단 에드워즈

질 안에 있는 위격의 복수성(plurality)을 인정했다.[8] 즉, 하나님은 사랑이며(요일 4:8), 하나님이 무한히 사랑하는 대상은 반드시 존재한다.[9] 성자 하나님은 성부 하나님의 사랑을 받을 뿐만 아니라 성부 하나님을 무한히 사랑한다.[10] 또한 에드워즈는 "**동의**"(consent)라는 개념으로 하나님의 동일본질과 복수성을 강화했다. 즉, 탁월함은 존재에 대한 동의이며, 동의가 많을수록 탁월함이 커진다.[11] 성부 하나님의 사랑을 받는 성자 하나님만이 유일하게 성부 하나님에게 무한히 동의할 수 있다. 왜냐하면 동일한 본질이 아니라면 무한하고 완벽하게 동의할 수 없기 때문이다. 하나님이 무한하고 완벽하게 동의할 수 있는 존재는 하나님 자신 외에 없다. 따라서 하나님 안에 복수성, 다른 위격이 존재해야만 한다.[12] 다시 말해 동의가 없다는 의미에서 홀로 존재하는 것은 탁월할 수가 없다. 만약 하나님이 탁월하다면, 하나님 안에는 복수성이 있다. 그렇지 않으면, 하나님 안에는 동의가 없다.[13]

---

8 Jonathan Edwards, "Miscellany no. 96," WJE 13:263.

8 Jonathan Edwards, "Miscellany no. 96," WJE 13:263.

9 Edwards, "Miscellany no. 117," WJE 13:283.

10 Jonathan Edwards, *Ethical Writings*, WJE 8:373.

11 Jonathan Edwards, *Scientific and Philosophical Writings*, WJE 6:336.

12 Edwards, "Miscellany no. 117," WJE 13:283.

13 Edwards, "Miscellany no. 117," WJE 13:284.

에드워즈는 창세기 1장 1절, "태초에 하나님이 천지를 창조하시니라"에서 창조의 웅장한 계획과 설계자인 하나님 즉, "엘로힘" (אֱלֹהִים)을 복수로 이해하며, 삼위일체의 세 위격을 제시한다.[14] 그 외에 여호수아 24장 19절, "여호수아가 백성에게 이르되너희가 여호와를 능히 섬기지 못할 것은 그는 거룩하신 하나님이시요"에서 여호와는 남성 단수이지만 "거룩한 엘로힘"은 남성복수이다. 사무엘상 4장 8절, "누가 우리를 이 능한 신들의 손에서 건지리요" 역시 하나님을 복수로 진술한다.[15]

에드워즈는 성부 하나님의 우선성을 제시한다. 즉, 하나님 내의 위격의 순서에 있어서 성부가 성자와 성령보다 앞선다. 성부는 실재(subsisting)의 순서에 있어서 첫 번째이며, 신격(Deity)의 원천이다. 성자와 성령은 성부로부터 기원했고, 성부를 의존한다. 그러나 이것은 우월보다 우선(priority)이라는 것이 더 적당하다. 삼위일체의 한 위격은 다른 위격들보다 우월하지 않으며, 다른 위격에 대한 어떠한 종속도 없다. 다시 말해, 신성에 있어서 열등이 없는 의존이다. 성부 안에 있는 모든 것이 성자와 성령에게서 반복되고 온전히 다시 표현되기 때문에, 어떤 열등이나 종속을 의미하지 않는다. 또한 삼위일체의 위격들

---

14 Jonathan Edwards, *The Blank Bible*, WJE 24:123.

15 Edwards, "Miscellany no. 1243," WJE 23:175-76.

처음 공부하는 조나단 에드워즈

은 본성의 영광과 탁월함에 있어서 서로에게 열등하지 않다.[16] 따라서 성부, 성자, 성령은 한 본질을 가진 한 하나님이다.

에드워즈는 삼위일체 하나님을 가족 또는 공동체로 표현한다. 즉, 삼위일체의 각 위격은 이를테면 하나님을 영화롭게 하며 그 충만을 전달하려는 위대한 계획을 수행하는 사회로 형성되어 있다.[17] 한 가족이나 사회에 속한 세 위격은 모든 면에서 동등하며 공통된 명예를 가질 뿐만 아니라 자신만의 특별한 명예를 가진다.[18] 삼위일체를 공동체로 여기는 것은 개혁주의 신학적 틀에서 매우 혁신적인 것이다. 왜냐하면 성경에서 하나님을 가족 공동체로 언급한 적이 없기 때문이다. 또한 개혁주의는 인간의 죄악성 때문에, 하나님에 대한 인간적 유비를 꺼려한다. 이런 면에서 에드워즈가 하나님을 가족 공동체로 이해하는 것은 이례적인 것이다.[19] 그러나 에드워즈는 이신론과 논쟁하며 세 위격을 강조하더라도 하나님을 서로가 친구 사이로서 구별

---

16 John Calvin, *Calvin: Institutes of the Christian Religion*, ed. John T. Mcneill (Philadelphia: Westminster John Knox Pr, 1960), 1. 13. 6. (이후 Institutes로 인용함). 위격은 하나님 본질 안에 있는 실재(subsistence)이며, 실재는 본질(essence)과 다른 것이며, 각각의 위격은 나심, 낳으심, 나오심이라는 다른 성격을 소유하며 구별된다; Edwards, "Miscellany no. 1062," WJE 20:430-31.

17 Edwards, "Miscellany no. 1062," WJE 20:431.

18 Edwards, *Writings on the Trinity, Grace, and Faith*, WJE 21:135.

19 Pauw, "The Trinity," 47.

되는 세 분의 신이라는 것을 긍정하지 않는다. 즉, 세 위격의 동일본질을 전제하며, 삼신론을 경계한다.[20]

(2) 창조의 방식 - 삼위일체의 협의

창조 사건은 일반적으로 성부 하나님에게 돌려지지만, 삼위일체 하나님의 외적 사역은 나누어지지 않는다. 즉, 삼위 하나님은 창조에 관심이 있으며,[21] 창조사건에 완벽한 협의와 동의가 있었다.[22] 에드워즈는 창세기 1장 26절, "우리가 사람을 만들고"를 근거로 인간 창조에 대한 삼위일체의 협의를 제시한다. 성부는 성자와 성령을 사용했고, 성자는 인간에게 지성과 이성을 부여했고, 성령은 인간에게 원의를 가지고 거룩한 의지와 경향을 부여했다.[23] 세상을 다스리는 경륜(economy)과 질서 그리고 구속 언약에 대한 종속에도 불구하고 세 위격은 동일본질이다. 즉, 창조와 구속에 있어서 성자와 성령이 성부에게 종속한다는 것은 오해이다. 삼위일체 위격들의 종속은 자연적 종속

---

20 Edwards, "Miscellany no. 539," WJE 18:84.

21 Jonathan Edwards, "The Threefold Work of the Holy Ghost," WJE 14:378.

22 Edwards, "Miscellany no. 1062," WJE 20:442.

23 Edwards, The Blank Bible, WJE 24:126; "The Threefold Work of the Holy Ghost," WJE 14:378.

처음 공부하는 조나단 에드워즈

(natural subjection)이 아니며, 상호 자유로운 합의에 의한 것이다.[24] 성부는 단순히 경륜적 삼위일체의 주도권을 가지고 성자와 성령에게 지휘하고 지시하지만, 성부가 본질에 있어서 성자나 성령보다 우위에 있지 않다.[25]

성자 하나님은 창조 사건에 어떻게 관여했을까? 하나님은 만물을 말씀으로 창조했으며(창 1:3; 시 33:6, 148:5; 사 48:13), 지혜로 땅을 세우시고 명철로 하늘을 펼쳤다(시 104:24; 잠 3:19; 렘 10:12, 51:15). "인격적으로 표현되는 그 지혜는 창조사역의 조언자와 최고의 명장(master worker)이다." 지혜(성자)는 창조 이전에 하나님(성부)과 함께 있었고, 하나님과 함께 창조했으며, 또한 자신이 창조한 인류를 기뻐했다(잠 8:22-31; 욥 28:23-27).[26] 그리스도는 성부의 위임을 받고[27] 실제로 능력을 발휘하여 세계를 창조했다.[28] 성경은 "그리스도가 없이는 어떤 것도 만들어질 수 없다"라고 말한다(요 1:3; 히 1:10; 골 1:15, 16-17). 창조는 분명히 그리스도에 의한 것이며, 창조의 중요한 부

---

24 Edwards, "Miscellany no. 1062," WJE 20:430-31.

25 Edwards, "Miscellany no. 1062," WJE 20:436.

26 Bavinck, *Reformed Dogmatics* II, 423.

27 Edwards, "Miscellany no. 833," WJE 20:43; "Miscellany no. 931," WJE 20:177.

28 Edwards, "Miscellany no. 833," WJE 20:44-45.

분은 성도와 천사를 영화롭게 하는 것이다.[29] 그리스도는 인간을 위해 세상이 창조되기 전에 자신이 하신 일을 확신했다(잠 8:31).[30]

왜 세계 창조는 그리스도에게 맡겨졌을까? 그 이유는 세계가 성자 하나님의 구속사역을 위해서 만들어졌기 때문이다. 하나님은 세계를 창조한 것처럼, 자신의 목적과 계획을 가지고 주권적으로 섭리한다. 만일 하나님이 구속사역의 위대한 계획에 따라 그리스도를 교회의 머리로 만들었다면, 세계 창조를 그리스도에게 맡기는 것은 합리적이다.[31] 만물의 창조는 중보자로서 그리스도의 구속사역을 목적으로 삼는다(엡 3:9).[32] 이러한 이유로 에드워즈는 엄격하게 창조 사역과 섭리 사역을 분리하지 않는다. 즉, 성부 하나님은 성자 하나님에게 세계의 창조를 맡겼고, 그 통치와 섭리를 맡겼다.[33] 에드워즈는 히브리서 1장 3절, "이는 하나님의 영광의 광채시요 그 본체의 형상이시라 그의 능력의 말씀으로 만물을 붙드시며"와 골로새서 1장 17절, "만물이 그 안에 함께 섰느니라"를 인용하며 창조의 보존을 그리스

---

29 Edwards, "Miscellany no. 952," WJE 20:221-22.

30 Jonathan Edwards, "The Free and Voluntary Suffering and Death of Christ," WJE 19:498-99.

31 Edwards, "Miscellany no. 1039," WJE 20:379-80.

32 Jonathan Edwards, "Ephesians," WJE 24:1100.

33 Edwards, "Miscellany no. 1039," WJE 20:379.

처음 공부하는 조나단 에드워즈

도의 사역으로 이해한다.[34]

성령 하나님은 창조 사역에 어떻게 관여했을까? 창조 사건에 관한 성령의 구체적인 사역을 제시하는 성경 구절이 많지 않다. 그러나 성령은 하나님의 창조에 생명을 부여하고 완성했다. 창세기 1장 2절, "하나님의 영은 수면 위에 운행하시니라." 욥기 33장 4절, "하나님의 영이 나를 지으셨고 전능자의 기운이 나를 살리시느니라."[35] 에드워즈는 창세기 1장 2절을 근거로 성령의 사역을 다음과 같이 소개한다.

> 혼돈을 벗어나 세상에 아름다움과 완전을 가져다주는 것은 특별히 성령의 사역이다. 왜냐하면 세계의 아름다움은 하나님의 아름다움의 전달이기 때문이다. 성령은 하나님의 조화, 탁월함, 아름다움이다. 따라서 세상에 아름다움과 조화를 전달하는 것은 성령의 사역이다. 우리는 하나님의 영이 수면 위에 운행한다는 것을 읽는다 (창 1:2).[36]

에드워즈는 성령의 사역을 이전 개혁주의 신학자보다 좀

---

34 Edwards, "Miscellany no. 1358," WJE 23:614.

35 Wayne Grudem, 『조직신학(상)』, 노진준 역 (서울: 은성출판사, 2009), 389.

36 Edwards, "Miscellany no. 293," WJE 13:384.

더 강조한다. 구속은 때때로 재창조로 표현되는데, 에드워즈는 성령이 그리스도의 구속을 적용하는 것을 **"마지막 획을 긋는"** 것으로 표현한다. 즉, 성령은 그리스도가 이룬 구원에 실제적으로 참여하게 만든다. 성령은 그리스도의 구속을 직접적으로 적용할 뿐만 아니라 인간의 마음에 필요한 것을 실행한다. 구속에 참여하도록 회개, 그리스도와의 연합, 은혜를 품고 거룩함을 채운다.[37] 이런 에드워즈 신학의 관점에서 본다면, **성령은 창조사건의 능동적 주체이며 마지막 획을 긋는 완성자이다.**

(3) 창조의 대상 - 만물

삼위일체 하나님은 자신의 영광을 위해 만물, 즉 천상을 대표하는 영적 세계와 지상을 대표하는 물질세계를 창조했다. 히브리서 기자는 창조된 세계를 지금의 세계와 장차 올 세계로 표현한다(히 1:2; 2:5; 엡 1:21).[38] 하나님이 태초에 어떤 원자를 만들 때, 수, 부피, 크기 그리고 모양을 정했다.[39] 특별한 목적을

---

37 Edwards, "The Threefold Work of the Holy Ghost," WJE 14:377-78.

38 Edwards, "Miscellany no. 106," WJE 13:276; "Miscellany no. 952," WJE 20:210.

39 Jonathan Edawrds, "The Mind," WJE 6:353-54.

처음 공부하는 조나단 에드워즈

가지고 원자뿐만 아니라 목성같이 큰 행성도 만들었다.[40] 하나
님이 창조한 물질세계는 영적 세계의 완전함과 아름다움을 가
장 매력적으로 보여주며, 영적인 아름다움을 상상하게 한다.[41]
이 영적 세계에는 천사도 포함된다. 천사는 만물이 창조될 때
함께 창조되었다. 에드워즈는 근거구절을 다음과 같이 제시한
다. 느헤미야 9장 6절, "오직 주는 여호와시라 하늘과 하늘들의
하늘과 일월 성신과 땅과 땅 위의 만물과 바다와 그 가운데 모
든 것을 지으시고 다 보존하시오니 모든 천군이 주께 경배하나
이다." 출애굽기 20장 11절, "이는 엿새 동안에 나 여호와가 하
늘과 땅과 바다와 그 가운데 모든 것을 만들고."[42] 칼빈은 창세
기 2장 1절, "천지와 만물이 다 이루어지니라"를 근거로 천사들
이 만물과 함께 창조된 것을 인정한다.[43]

하나님은 천사를 왜 만들었을까? 천사의 일반적인 임무
는 밤낮 하나님을 찬양하는 것이다(욥 38:7; 사 6장; 시 103:20;
148:2; 계 5:11). 천사들은 죄가 세상에 들어온 이후로 구원의 상
속자들을 섬기라고 보내졌다(히 1:14).[44] 즉, 그들은 하나님의

40　Jonathan Edwards, *Freedom of the Will*, WJE 1:392.

41　Edwards, "Miscellany no. 186," WJE 13:330.

42　Edwards, "Miscellany no. 1336," WJE 23:341.

43　Calvin, *Institutes*, 1. 14. 4.

44　Louis Berkhof, *Systematic Theology* (Edinburgh: Banner of Truth Trust, 1971), 147.

자비를 인간에게 나누어주고 처리하는 임무를 지녔다. 성경은 천사들이 인간을 안전하게 보호한다는 것을 상기시킨다.[45] 한 편 하나님의 특별 계시가 끝난 후, 주님의 재림 때까지 천사의 특별한 임무는 중단되었다.[46] 따라서 인간은 창조물 가운데 창조의 등급에서 가장 높은 단계에 있고, 바로 다음 단계가 하나님이다. 사람은 다른 어떤 창조물을 위해서 창조되지 않았지만, 천사들은 인간을 위해 봉사하도록 창조되었다.[47]

하나님이 창조한 우주는 연합된 조직체이며, 우주의 각 부분은 서로 연관성이 있으며, 상호 의존적인 하나의 관계망이다.[48] 마치 모든 개별적 존재들은 인간의 몸처럼 의존적이다. 이것은 창조와 섭리 사역에 있어서 한 분의 창조주와 통치자가 있다는 좋은 유비이다.[49] 즉, 창조자의 가장 사소한 행위도 일련의 전체 사건과 전체 범위에 영향을 주어 매우 크고 중요한 결과를 가져올 수 있다. 뉴턴에 의해 정립된 운동과 만유인력 법칙이 보편적으로 적용되면, 하나의 가장 작은 원자도 그 자체로 머물러 있지 않는다. 오히려 전체 물질계에 매 순간 영향을 주

45　Calvin, *Institutes*, 1. 14. 6.

46　Berkhof, *Systematic Theology*, 148.

47　Edwards, "Miscellany no. 103," WJE 13:271.

48　Edwards, "Miscellany no. 787," WJE 18:472.

49　Edwards, "Miscellany no. 651," WJE 18:191-92.

처음 공부하는 조나단 에드워즈

며, 오랜 시간 후에 그 결과는 훨씬 더 커지고 중요하게 된다.[50] 작은 원자의 운동, 멈춤과 방향이 우주의 모든 물체의 운동, 멈춤과 방향에 영향을 미친다. 그런 의미에서 티끌이나 밀짚과 같이 작은 것에 일어나는 것도 영원토록 물질의 모든 과정에서 큰 역할을 한다. 가장 작은 티끌이라도 영원히 우주의 질서를 파괴하며, 현재 뿐만 아니라 영원히 영향을 미칠 수 있다. 가장 작은 원자가 정도를 벗어나고 특정 시간을 거치고 영원을 걸쳐 돌아오면, 반드시 우주의 질서를 완전히 파괴할 수도 있다.[51]

> 물질적 우주 전체는 중력, 인력, 또는 모든 물체의 상호 경향에 의해 보존된다. 이로써 우주의 한 부분은 다른 것에 유익을 준다. 아름다움, 조화와 질서, 규칙적인 진행, 삶과 움직임, 그리고 간단히 말해 전체 프레임의 모든 행복(well-being)은 상호 경향에 의존한다. 이것은 영적 세계에서 사랑과 자비의 한 유형이다.[52]

우주의 질서와 조화 그리고 상호 의존성이 자체적으로 가능한가? 하나님의 개입이나 간섭 없이 우주의 질서와 조화는 불가능하다. 우주의 각 부분들이 하나로 연합하고 하나의 관계망

---

50 Edwards, *Freedom of the Will*, WJE 1:392-93.

51 Edwards, *Scientific and Philosophical Writings*, WJE 6:231.

52 Jonathan Edwards, "Images of Divine Things," WJE 11:81.

을 이루지만 "어떤 의미에서 영원히 분리되어 있다."[53] 왜냐하면 우주의 모든 개별적인 존재는 하나님의 직접적이고 자발적이며 전능한 힘에 빚을 지고 있기 때문이다. 하나님은 자신이 만든 우주에 여전히 영향을 미치고 있다.[54] 하나님은 세계를 창조하고 만물의 존재방식을 규정할 뿐만 아니라 지극히 작은 것까지 돌보신다. 즉, 하나님은 가장 합리적인 조정자로서 모든 생물을 포함하여 창조된 전체 시스템과 우주를 운행한다. 하나님은 최고의 책임자로서 가장 아름답게 결정한다.[55] 하나님은 모든 특별한 것뿐만 아니라 매우 사소한 것까지도 위치, 형태, 모양을 선택한다.[56] 다시 말해, 하나님의 활동은 물질의 독립적인 입자들의 운동 방향과 정도를 한정하고, 다른 것들과 관련하여 아름답고 유용하게 만든다. 이것은 법칙으로 작동하며, 이 법칙 하에 우주는 질서, 조화, 상호 의존한다.[57] 그러므로 하나님의 섭리가 자연법칙의 근거가 된다.

---

53 Edwards, "Miscellany no. 787," WJE 18:472.

54 Edwards, *Writings on the Trinity, Grace, and Faith*, WJE 21:177.

55 Edwards, "Miscellany no. 1208," WJE 23:134.

56 Edwards, "Miscellany no. 525," WJE 18:69.

57 Edwards, "Miscellany no. 1263," WJE 23:204-05.

처음 공부하는 조나단 에드워즈

(4) 창조의 재료 - 무로부터 창조(*creatio ex nihilo*)

기독교 신학에서 무로부터의 창조는 범신론과 이신론에 함몰되지 않는 좌표를 제공한다.[58] 범신론은 물질의 영원성을 포함하는 이원론인데, 하나님의 세계 창조를 외적 현현인 유출 (emanation)로 설명한다. 그러나 기독교 교회는 처음부터 무로부터 창조와 하나님의 자유로운 의지적 창조론을 가르쳤다. 무로부터 창조는 선재하는 재료를 사용하지 않았다는 의미이다.[59] 즉, 무로부터 창조는 하나님의 자존성, 자충족성, 무한성, 영원성을 확보한다. 이와 달리 창조된 세계는 의존성, 유한성, 시간성에 매인다. 따라서 하나님과 세계는 무한한 질적 차이가 있으며, 상호변환이 불가능하다.[60] 무로부터 창조는 하나님께서 우주를 창조하시기 전에는 하나님 외에 아무 것도 존재하지 않았다는 것을 의미한다. 즉, 무로부터 창조를 부인하는 것은 하나님과 같이 영원히 존재하는 다른 존재가 있다는 뜻이다. 이것은

---

58 Bavinck, *Reformed Dogmatics* II, 420.

59 Berkhof, *Systematic Theology*, 126, 133; 마카비하 7:28. "애야, 너에게 당부한다. 하늘과 땅을 바라보고 그 안에 있는 모든 것을 살펴보아라. 그리고 하느님께서, 이미 있는 것에서 그것들을 만들지 않으셨음을 깨달아라. 사람들이 생겨난 것도 마찬가지다"(공동번역).

60 Berkhof, *Systematic Theology*, 134.

하나님의 주권과 독립성을 훼손한다. 하나님과 상관없이 존재하는 것이 있다면, 하나님이 자신의 영광을 위해 그 존재를 다스릴 권한이 있는가? 하나님이 우주 만물을 어떻게 주관하겠는가? 따라서 무로부터 창조는 하나님의 분명한 목적을 가진 창조를 대변한다.[61]

에드워즈는 무로부터 창조를 하나님의 임의적인 활동으로 이해한다. 하나님은 어떤 목적을 가지고 무로부터 물질세계를 창조하고 개별적인 원자나 독립적인 입자들의 운동, 방향과 정도 등을 임의로 정했다. 이것은 하나님이 독단적으로 작정한 결과물이다. 즉, 무로부터 창조는 자연법과 같이 선행하는 고정적인 체계가 없이 발생한 신적 활동이다.[62] 또한 에드워즈는 하나님의 이중 창조를 거부한다. 이것은 하나님이 창조할 때 선재하는 물질이 없다는 것을 지지한다. 그의 말을 직접 들어보자.

> 모세가 기록한 창조 사건 이전에 어떤 창조도 없었다. 모세의 창조 사건 이전에 창조가 있다고 가정하는 사람들은 일반적으로 모세의 창조를 지구 창조로 제한한다. 즉, 천체의 창조는 모세의 창조 이전에 있었다고 가정한다. 이것은 모세가 설명하고 있는 창조 사역의 넷째

---

61 Grudem, 『조직신학(상)』, 383, 385.
62 Edwards, "Miscellany no. 1263," WJE 23:204.

처음 공부하는 조나단 에드워즈

날에 대한 기록과 일치하지 않는다.[63]

에드워즈는 '계속적인 창조'(continuous creation) 개념으로 무로부터 창조를 강화한다. 전통적 기독교는 하나님의 창조와 그 후의 활동인 섭리를 구별하는데, 에드워즈는 창조와 섭리의 연속성을 제시한다. 즉, 하나님이 존재를 보존하는 것과 계속적인 창조 또는 매 순간 그들의 존재를 무로부터 창조하는 것은 동일한 의미이다.[64] 하나님의 세계 보존은 계속되는 창조 행위일 뿐이다.[65] 창조는 신적인 힘의 첫 번째 발휘이며, 보존은 창조 이후 매 순간 발휘되는 신적 힘의 연속적인 반복이다. 따라서 **"우주는 매 순간 무로부터 창조된다."**[66] 유물론은 존재의 궁극적 근거를 하나님이 아닌 물질적 원자들로 이해한다. 이신론은 하나님을 유한한 존재로 제한한다.[67] 따라서 에드워즈는 계속적인 창조 개념을 사용하여 무로부터 창조를 강화하며 이신론이나 유물론에 함몰되지 않는 지점을 확보한다.

---

63 Edwards, "Miscellany no. 1336," WJE 23:340.

64 Jonathan Edwards, *Original Sin*, WJE 3:401.

65 Jonathan Edwards, *The Blessing of God: Previously Unpublished Sermons of Jonathan Edwards*, ed., Michael D. McMullen (Nashville, Tenn.: Broadman & Holman, 2003), 111.

66 Edwards, *Scientific and Philosophical Writings*, WJE 6:241.

67 Bavinck, *Reformed Dogmatics* II, 183.

에드워즈가 제시하는 하나님의 창조는 전통적 기독교와 범신론이 합쳐진 것으로 오해받는다. 그 이유는 무엇일까? 맥클리먼드와 맥더모트는 에드워즈의 신학의 뿌리를 칼빈주의로 올바르게 평가하지만,[68] 에드워즈가 이해한 창조를 하나님 안에서 일어난 사건으로 해석한다. 즉, 에드워즈가 무로부터 창조와 유출을 혼용하는 것으로 결론을 내린다.[69] 존 쿠퍼(John Cooper)는 에드워즈의 기독교 신앙과 칼빈주의적 정통성을 인정한다. 그런데도 에드워즈의 창조론이 개신교 역사에서 드물게, 하나님과 세계의 연속성을 지지하는 범재신론과 기독교 정통이 겹치는 것으로 해석한다.[70] 이것은 에드워즈의 필연적인 창조를 오해한 것이다. 이후에 도덕적 필연성 개념으로 에드워즈가 개혁주의 입장에 서 있음을 논증할 것이다.

---

68 Michael J. McClymond and Gerald R. McDermott, *The Theology of Jonathan Edwards* (New York: Oxford University Press, 2012), 720.

69 McClymond and McDermott, *The Theology of Jonathan Edwards*, 221.

70 John W. Cooper, *Panentheism-the Other God of the Philosophers* (Grand Rapids, MI: Baker Academic, 2006), 77.

처음 공부하는 조나단 에드워즈

(5) 창조의 목적 - 하나님의 영광과 창조물의 행복

완전하신 하나님의 창조 목적은 무엇일까? 교회사를 살펴보면, 하나님의 세계 창조 목적과 관련한 질문에 '하나님의 영광'이나 '인간의 행복'으로 답변되어 왔다. 하나님의 영광만을 위한 창조는 우주의 체계를 이기적인 것으로 만들며, 하나님의 자존성과 독립성을 훼손할 수 있다. 반면, 인간의 행복만을 위한 창조는 하나님을 인간의 행복에 종속시킬 수 있다. 에드워즈는 웨스트민스터 신앙고백(Westminster Confession)의 요지인 오직 하나님께 영광에 동의하며,[71] 창조의 궁극적 목적으로 하나님의 영광과 창조물의 행복을 꼽는다. 과연 하나님의 영광과 창조물의 행복은 모순 없이 양립 가능한가? 에드워즈는 양자를 분리하지 않고, 인과관계론적으로 제시한다.

1) 하나님의 영광

에드워즈는 하나님의 영광을 창조의 궁극적 목적으로 꼽는다. 영광은 히브리어 카보드(כבד)를 번역한 말이다. 성경에서

---

71 Jonathan Edwards, "117. to the Reverend John Erskine," WJE 16:355; Berkhof, *Systematic Theology*, 135, 137; McClymond and McDermott, *The Theology of Jonathan Edwards*, 212.

카보드는 엄숙함, 무거움, 위대함, 그리고 풍부함을 의미한다(잠 27:3, 삼하 14:26; 왕상 12:11; 시 38:4; 사 30:27).[72] 에드워즈는 카보드를 문맥에 따라 다음과 같이 구별한다.

> 때때로, 영광은 내적인 것, 존재 또는 인격에 내재된 것 또는 그 인격이 소유하는 것을 의미하는 데 사용된다. 그리고 때로는 내적 영광의 발산(emanation), 전시 또는 전달을 의미하는 데 사용된다. 또한, 때때로 전시된 것이나 전달받은 것에 대하여 가지는 지식이나 감각 또는 결과를 의미하거나 이 지식이나 감각 또는 결과를 표현하는 데 사용된다.[73]

하나님의 영광은 세계 창조와 하나님의 모든 사역에서 최상의 궁극적 목적이다. 하나님의 영광은 문맥에 따라 1) 하나님의 내적 영광, 2) 내적 영광의 충만한 외적 발산과 표현, 3) 본질과 대립하여 현존하는 외적 존재를 의미한다.[74] 이러한 의미에

---

72 Jonathan Edwards, "Concerning the End for which God Created the World," WJE 8:512.

73 Edwards, "Concerning the End for which God Created the World," WJE 8:513. 일반적으로 'emanation'은 신플라톤주의적인 용어로써 무의지적 행위를 함의하는 유출로 번역된다. 그러나 에드워즈는 이 용어를 하나님이 분명한 의도를 가진 의지적 행위를 배제하지 않는다. 따라서 무의지적인 행위를 의미할 때는 '유출'로, 하나님의 창조 행위를 의미할 때는 '발산'으로 표현한다.

74 Edwards, "Concerning the End for which God Created the

처음 공부하는 조나단 에드워즈

서 하나님의 영광은 내적 영광과 외적 영광으로 구별되지만, 양자를 떼어내거나 분리할 수 없다.

에드워즈는 에베소서 4장 10절, "만물을 충만하게 [하다]"를 인용하며, 창조의 목적을 하나님 자신의 전달과 자신을 영화롭게 하는 것으로 제시한다. 하나님이 자신을 목적한다는 것은 자신 외에 목적할 만한 것이 없기 때문이다. 이것은 하나님 자신의 계획과 의지보다 더 높거나 더 큰 존재가 없다는 것을 의미한다. 따라서 하나님의 영광은 하나님 사역의 최종 목적으로서 성경에서 가장 일반적으로 불린다.[75] 에드워즈의 말을 직접 들어보자.

> 하나님 사역의 궁극적 목적으로서 성경에서 말해지는 것은 처음에는 비록 분리된 것처럼 보이지만, 하나님의 내적 영광 또는 하나님의 현존하는 외적 영광 또는 발산된 존재는 한가지로 쉽게 환원될 수 있다. 그리고 하나님이 자신의 영광을 추구하고 창조물의 선을 추구하지만, 거기에는 자신을 가장 존중하는 것이 나타난다.[76]

World," WJE 8:527.

75 Jonathan Edwards, "Approaching The End Of God's Grand Design," WJE 25:116; "Concerning the End for which God Created the World," 8:476, 526.

76 Edwards, "Concerning the End for which God Created the World," WJE 8:530-31.

에드워즈는 하나님의 내적 영광과 외적 영광을 구별함으로써 하나님의 영광과 창조물의 행복을 대척점에 두지 않고 함께 담을 수 있는 지점을 확보한다. 이것은 범신론을 경계하며 하나님의 본성에 따른 창조를 단호히 거부하지만, 하나님의 탁월한 본성을 배제하지 않는 창조를 의미한다. 쿠퍼는 에드워즈가 이해한 창조를 신적 선택이 아닌 신성의 불가피한 유출로 해석한다. 그러나 에드워즈의 하나님은 자신의 선을 전달하고 행복하게 하는 본성적인 성향이 있지만, 하나님의 자유로운 은혜를 배제하지 않는다.[77] 하나님은 자신의 의지와 목적에 따라 창조하였다. 에드워즈는 근거 구절로 계시록 4장 11절, "주께서 만물을 지으신지라 만물이 주의 뜻대로 있었고 또 지으심을 받았나이다 하더라." 골로새서 1장 16절, "만물이 다 그로 말미암고 그를 위하여 창조되었고"를 제시한다.[78]

2) 창조물의 행복

에드워즈는 창조물의 행복을 창조의 결과적인 궁극적 목적으로 꼽는다. 창조의 궁극적 목적에서 창조물의 행복을 배제

---

77 Edwards, "Miscellany no. 314," WJE 13:395; Cooper, *Panentheism-the other God of the philosophers*, 76.

78 Edwards, "Miscellany no. 586," WJE 18:121-22.

처음 공부하는 조나단 에드워즈

하는 것은 하나님의 도덕적 탁월함을 확보하지 못한다. 만약 하나님이 자신의 영광을 나타내기 위해서만 창조물에게 선을 전달한다고 말한다면, 그것은 아주 큰 모순이다. 왜냐하면 하나님이 자신의 선을 나타내야만 선하다는 것을 가정하기 때문이다.[79] 따라서 하나님이 창조물에게 행복을 전달하는 것 자체가 최고 목적이다.[80] 하나님은 자신의 영광을 창조물에게 주는 방식으로 창조물의 행복을 목적한다. 에드워즈의 말을 직접 들어보자.

> 하나님은 자신의 영광스러운 지식을 창조물에게 주는 방식으로 창조물의 지성(understanding)에 자신을 전달한다. 또한 주로 하나님의 사랑으로 구성된 거룩함을 창조물의 의지에 준다. 즉, 창조물에게 주로 하나님의 기쁨으로 구성된 행복을 전달한다. 이러한 것이 성경에서 **"하나님의 영광"**이라고 불리는 충만한 신적 발산의 총합이다. 이 영광의 처음 부분은 **"진리"**이며, 후자는 **"은혜"**이다(요 1:14).[81]

하나님은 자신의 지식과 거룩함, 그리고 심지어 자신

---

79 Edwards, "Miscellany no. 445," WJE 13:493.

80 Edwards, "Miscellany no. 702," WJE 18:298.

81 Edwards, "Concerning the End for which God Created the World," WJE 8:529.

의 행복으로 구성되어 있는 창조물의 선을 추구한다.[82] 파이퍼
(John Piper)는 신학묵상일기 461, "창조의 목적"(End of the
Creation)을 근거로 에드워즈에게 창조물의 행복이 궁극적 목
적인 이유를 적절하게 설명한다.

> 하나님이 그 자체의 목적으로 창조물에게 선을 나눠주
> 는데, 그 선은 창조물이 하나님 자신의 행복에 "참여"하
> 는 것이다. 말하자면, 창조물이 받는 선은 하나님이 나
> 누어 주신 선이다. 그러므로 창조물에게 선을 부여하는
> 것이 창조의 궁극적 목적이라고 말하는 것은 하나님의
> 영광이 창조의 궁극적 목적이라고 말하는 것과 상반되
> 지 않는다. 왜냐하면, 이런 방식으로 창조물에게 선을
> 나누어 주는 것은 하나님을 영화롭게 하는 것의 한 부
> 분이기 때문이다.[83]

하나님이 창조물의 행복을 목적한다고 해서 하나님 안에
어떤 빈곤, 불충분과 변덕 또는 하나님의 완전과 행복의 어떤
부분을 위해 창조물에 대한 의존을 내포하지 않는다. 하나님이
무한히, 영원히, 불변하게, 그리고 독립적으로 영광스럽고 행복

---

82 Edwards, "Concerning the End for which God Created the
    World," WJE 8:533.

83 John Piper, *God's Passion for His Glory* (Wheaton, Illinois:
    Crossway Books, 1998), 221.

처음 공부하는 조나단 에드워즈

하다는 것은 성경과 이성이 명백히 증거하고 있다. 하나님은 창조물로부터 어떤 것을 받거나 또는 이익을 얻을 필요가 없으며, 심지어 상처를 받거나, 다른 존재로부터 자신의 영광과 지복을 훼손당하지 않는다.[84]

3) 하나님의 영광과 창조물의 행복

에드워즈에게 창조의 궁극적 목적은 하나님 자신의 영광과 창조물의 행복이다. 이 두 가지는 성경에서 때때로 한 마디로 하나님이 영화롭게 되는 것에 포함된다(사 6:3). 즉, 하나님이 자신의 영광을 나타내는 것의 결과가 창조물의 행복이다. 따라서 하나님의 영광과 창조물의 행복은 분리된 별개의 것이 아니다. 또한, 하나님의 관심과 창조물의 관심은 하나이며, 분리되거나 따로 떨어진 것이 아니다. 전달된 지식은 하나님 자신의 지식이며, 전달된 사랑은 하나님 자신의 사랑이며, 전달된 행복은 하나님 자신의 지복이다.[85]

에드워즈는 발산(emanation), 반사(reflection), 회귀

---

84 Edwards, "Concerning the End for which God Created the World," WJE 8:420.

85 Edwards, "Miscellany no. 1066," WJE 20:446; "Concerning the End for which God Created the World," WJE 8:531, 535.

(remanation)의 개념으로 하나님의 영광과 창조물의 행복을 연결한다. 즉, 하나님의 내적 영광이 발산되어 이성적으로 창조된 존재에게 전달된다. 창조물이 하나님을 알고, 존중하고, 사랑하고, 즐거워하고 찬양할 때, 하나님의 영광이 드러나고 인정된다. 그리고 하나님의 충만은 수용되고 되돌려진다. 따라서 광채가 빛나서 창조물에 비추고, 다시 발광체에 다시 반사된다. 전체는 하나님의 것이며, 하나님 안에 있으며 또한 하나님께로 회귀한다.[86]

에드워즈는 하나님의 영광과 창조물의 행복을 분리할 수 없다는 것을 일종의 점근선(漸近線)으로 설명한다. 이것은 하나님의 영광과 창조물의 행복을 융합하는 범신론과 분리하는 이신론의 오류를 극복한다. 그의 말을 직접 들어보자.

> 전체적으로 하나님 자신에 대한 존중과 창조물에 대한 존중은 결합되어 있다. 양자는 처음에는 두 개로 분리된 선(lines)처럼 보이더라도, 동일한 중심으로 향하기 때문에 결국 한 곳에서 만난다. 창조물 자체의 유익에 관해서, 모든 기간, 무한히 진보되는 것으로 여겨진다면, 이것은 무한으로 간주되어야 한다. 하나님 영광은 전달될 뿐만 아니라 무한히 충만한 그 영광에 점점 더

---

86 Edwards, "Concerning the End for which God Created the World," WJE 8:531, 527. 533.

처음 공부하는 조나단 에드워즈

가까이 간다. 어떤 것이 무한으로 점점 더 가까이 갈수록, 그것은 점점 더 하나님과 동일하게 된다. 어떤 선이 무한한 것처럼 여겨지면, 그것은 하나님 자신의 무한한 영광과 분리된 것처럼 여길 수 없다.[87]

창조의 목적으로써 하나님의 영광과 창조물의 행복은 인간의 의무를 강화한다. 즉, 하나님은 가장 무한히 존경받을만하며, 하나님과 비교할만한 어떤 존재도 없다. 하나님을 무한히 가장 크게 존경하는 것은 합당한 것이며, 하나님의 도덕적 탁월함을 부정하는 것은 가장 부적절하다. 하나님은 자신의 창조물을 사랑하며, 창조물을 통해 영광을 받는 것을 정말로 좋아한다. 우리는 하나님의 영광을 추구해야 한다. 하나님이 자신을 목적으로 삼고 창조했다고 해서 하나님에게 감사해야 할 창조물의 의무가 전혀 감소되는 것은 아니다.[88]

---

87 Edwards, "Concerning the End for which God Created the World," WJE 8:459.

88 Edwards, "Concerning the End for which God Created the World," WJE 8:422; "Miscellany no. 208," WJE 13:342; "Concerning the End for which God Created the World," WJE 8:462.

(6) 필연적 창조와 하나님의 자유[89]

하나님에게 창조는 필연적인가? 우연적인가? 이것은 창조의 성격을 규정하는 중요한 질문이다. 필연적 창조는 본성적 창조를 의미하며, 창조가 하나님의 선택이 아니라는 측면에서 하나님의 자유를 제한한다. 이것은 하나님과 세계를 동일시하는 범신론으로 귀결된다. 범신론은 하나님의 성품 중 몇 가지를 훼손한다. 즉, 만물이 하나님이고 하나님이 만물이라면, 하나님은 가변적인 존재이다. 또한 세계 안에 있는 악이 하나님의 일부가 된다. 따라서 범신론은 하나님의 개성과 인격을 파괴하기 때문에, 하나님은 더 이상 거룩한 분이 아니다.[90] 반면 우연적 창조는 의지적 창조를 의미하며, 하나님의 자유를 확보한다. 이것은 하나님의 세계 참여를 자연법으로 제한하는 이신론으로 향한다. 이신론은 하나님의 섭리나 도덕적 탁월함을 약화시킨다. 이신론은 하나님의 초월성을 인정하지만, 하나님이 세상에 관여하는 성경 내용을 전적으로 부인한다. 오늘날 미지근한 명목상 신자들은 이신론자들이라고 말할 수 있다. 왜냐하면 참된

---

89 이 부분은 김성태의 "조나단 에드워즈의 성향 재해석: 창조의 필연성과 하나님 자유의 양립 가능성" (역사신학논총 36권, 2020)을 기반으로 일부 내용을 보완 수정하였음을 밝힙니다.

90 Grudem, 『조직신학(상)』, 392.

처음 공부하는 조나단 에드워즈

기도를 경시하고 하나님을 경외하거나 도움이 필요한 순간에 하나님을 의지하는 신뢰감이 없다.[91] 성경은 범신론이나 이신론을 지지하지 않는다.

세계 창조에 대한 하나님의 자유와 도덕적 탁월함을 어떻게 담아낼 수 있을까? 에드워즈는 하나님의 성향과 의지를 대척점에 두지 않는 방식으로 이를 해결한다. 즉, 성향과 의지는 구별되지만 인과관계론적으로 연결된 하나의 체계이다. 성향은 의지에 선행하는 원인과 동기이며, 의지작용은 필연적으로 성향과 연관성이 있다. 왜냐하면 모든 의지작용은 완전히 중립적이지 않으며 우세한 성향으로 기울어진다.[92] 만약 하나님이 어떤 것을 기쁘게 행한다면, 동기나 목적이 배제된 의지 결정이나 행위가 아니다.[93] 하나님의 영광과 선을 전달하는 것은 세계를 창조하는 하나님의 첫 번째 행위보다 앞선다.[94] 즉, 하나님의 성향과 의지는 상호충돌하지 않으며 본질적으로 일관성이 있다. 굳이 성향과 의지를 구별하는 것은 하나님이 수단 이전에 목적

---

91 Grudem, 『조직신학(상)』, 394.

92 Edwards, *Freedom of the Will*, WJE 1:137, 140, 148, 225. 에드워즈에게 '의지'(will)는 "어떤 것을 선택하는 것"이다. 즉, "의지의 능력(faculty)은 선택하는 능력이나 힘 또는 선택할 수 있는 마음의 원리이다. 의지의 행위는 선택이나 선택하는 행위와 동일하다."

93 Edwards, *Freedom of the Will*, WJE 1:389.

94 Edwards, "Miscellany no. 704," WJE 18:319.

을 가진다는 논리적 순서일 뿐이다. 인과관계론적 입장에서 볼 때, 성향과 연결된 의지적 창조는 하나님의 자유를 훼손하지 않는다. 따라서 하나님 자신에 대한 존중 또는 자신의 영광을 기뻐하는 자발적인 방식으로 선을 전달하는 하나님의 성향은 창조물을 향한 하나님의 자유로운 호의를 감소시키지 않는다.[95]

에드워즈는 도덕의 보편적 원리 및 법칙에 기초를 부여하는 도덕철학을 차용하여 필연적인 창조와 하나님의 자유가 훼손되지 않는 신학적 좌표를 제시한다. 그는 필연성을 강제적・수동적 성격을 지닌 **자연적 필연성**(natural necessity)과 자발적・능동적 성격을 지닌 **도덕적 필연성**(moral necessity)으로 구별한다. 자연적 필연성은 의지의 선택과 무관하며, 단순한 본성과 연결되어 있다. 대표적인 것이 스토아 철학의 운명론인데, 이것은 자유, 도덕적 행위, 지적 창조물의 자유와 모순되는 보편적인 숙명론이다. 반면 도덕적 필연성은 때때로 강력한 성향 또는 동기처럼 도덕적 원인에서 일어나는 연관성과 결과적 필연성을 의미한다. 이 연관성은 많은 경우에 특정한 의지작용과 행위 사이의 연관성이다. 만약 도덕적 원인과 결과가 완벽하게 연결되어

---

95 Heinrich Heppe, *Reformed Dogmatics*, trans. G. T. Thomson (Grand Rapids: Baker Book House, 1978), 83; Edwards, "Concerning the End for which God Created the World," WJE 8:449, 460; *Freedom of the Will*, WJE 1:156-62.

처음 공부하는 조나단 에드워즈

있다면, 도덕적 필연성은 자연적 필연성만큼 절대적일 수 있다. 따라서 하나님의 의지작용과 필연성은 양립가능하다.[96]

자유는 자신이 기뻐하는 것을 할 수 있는 능력이다. 만약 어떤 사람이 자신의 의지를 결정하고 그것을 실행하는 데 방해되는 것이 전혀 없다면, 그것은 온전히 자유롭다고 이야기한다. 용어의 가장 적절한 의미에서, 하나님은 가장 자유롭다. 도덕적 필연성은 강압이 아닌 자유로운 행위자의 결정이라는 점에서, 하나님의 자유를 약화시키지 않으며, 자유롭고 책임 있는 도덕 행위자가 가질 수 있는 어떤 자유와도 모순되지 않는다. 또한 어떤 결함, 제약 또는 종속을 의미하지 않기 때문에, 하나님의 자유, 독립성, 절대적인 주권 또는 하나님의 본성이나 행동 방식의 위엄이나 영광을 조금도 손상시키지 않는다. 하나님 존재의 필연성이 하나님 존재의 의존성을 주장하지 않는 것처럼, 의지작용의 필연성이 하나님 의지의 의존성을 규정하지 않는다.[97] 에드워즈의 말을 직접 들어보자.

---

96 Edwards, *Freedom of the Will*, WJE 1:37. 156-58, 373-74, 456, 417. 에드워즈는 존재를 긍정하는 명제의 주어와 술어 사이의 연관성을 나타낸다는 의미에서, 도덕적 필연성이 확실성(certainty)을 의미한다고 생각한다.

97 Edwards, *Freedom of the Will*, WJE 1:464, 163, 453-54, 364, 383, 381; Don Schweitzer, "Aspects of God's Relationship to the World in the Theologies of Jürgen Moltmann, Bonaventura and Jonathan Edwards," *RST* 26(1) (2007): 19.

의지의 자유는, (매우 부적절하게 말하면), 절대적인 우연성을 의미하지 않으며, 또한 자유로운 의지에 의해서 발생하는 그 사건의 절대적인 필연성과도 모순되지 않는다. 왜냐하면, 가장 확실하게, 하나님의 의지는 자유로우며, 창조물의 의지에 매이지 않기 때문이다. 상상할 수 있는 가장 크고 가장 절대적인 필연성이 있는데, 그것은 하나님은 항상 선을 결심하고, 결코 악을 결심하지 않는다는 것이다.[98]

전통적인 개혁주의는 하나님의 자유를 확보하기 위해 상대적으로 창조의 필연성을 약화시키는 경향이 있다. 왜냐하면, 일반적으로 필연성은 의지 행위와 대척점에 있기 때문이다. 그러나 성향과 의지의 인과관계론적 입장에서 본다면, 중립적인 의지는 도덕적 탁월함이 없다. 따라서 하나님의 의지가 중립적이고 아무런 동기가 없다면, 하나님의 탁월함은 훼손된다. 에드워즈는 도덕적 필연성의 개념으로 하나님의 자유뿐만 아니라 도덕적 탁월함을 충분히 확보한다. 하나님은 자신의 선한 목적, 설계, 성향에 응답하여 우월한 적합성을 가지는 대상으로서 좀 더 죄 많고 비참하고 궁핍한 사람을 선택할 수 있다. 즉, 도덕적 필연성은 하나님의 풍성한 은혜를 입증한다. 또한 하나님이 성

---

98 Edwards, "Miscellany no. 31," WJE 13:217.

처음 공부하는 조나단 에드워즈

자 하나님을 이 세상에 보내는 은혜로운 계획은 하나님의 자비로운 활동을 더욱 잘 보여준다. 따라서 하나님의 행위가 필연적이더라도 절대적으로 자유롭고 덕스러우며, 찬양을 받으시기에 합당하다.[99]

창조의 필연성은 하나님의 선한 창조를 함의한다. 에드워즈는 창조의 동기를 하나님의 선으로 이해하며,[100] 창조의 목적을 **"하나님의 행복 전달"**로 꼽는다.[101] 즉, 하나님은 자신의 탁월함을 흘러보내려고, 그리고 자신의 행복을 흘러넘치게 하려고 세계를 창조했다[102] 또한 인간 창조의 목적은 하나님이 자신의 힘, 지혜, 거룩함, 그리고 정의를 표현하는 것이다.[103] 사람이나 지적인 존재는 직접적인 대상이며, 전달된 행복의 주체이다.[104] 따라서 범신론과 같이 하나님의 본성에 의한 창조는 아니지만, 이신론과 같이 본성과 무관한 창조가 아니다. 다시 말해, 하나님은 자신의 형상대로 인간을 창조하고, 자신의 지, 정, 의, 그리고 도덕성을 인간에게 창조물의 방식으로 주었다.

---

99   Edwards, *Freedom of the Will*, WJE 1:380, 395, 363.
100   Edwards, "Miscellany no. 87," WJE 13:251.
101   Edwards, "Miscellany no. 104," WJE 13:272.
102   Edwards, "Miscellany no. 332," WJE 13:410.
103   Edwards, "Miscellany no. 87," WJE 13:251.
104   Edwards, "Miscellany no. 104," WJE 13:272.

(7) 더 읽어볼만한 책

Crisp, Oliver. *Jonathan Edwards on God and Creation.* New York, NY: Oxford University Press, 2012.

Gerstner, John H. *The Rational Biblical theology of Jonathan Edwards.* Berea Publications; Orlando, 1991.

Holmes, Stephen. *God of Grace & God of Glory: An Account of the Theology of Jonathan Edwards.* Grand Rapids, Michigan: William B Eerdmans Publishing, 2001.

Lee, Sang Hyun ed. *The Princeton companion to Jonathan Edwards.* Princeton, NJ: Princeton University Press, 2005.
(번역본)『조나단 에드워즈의 신학: 프린스턴 조나단 에드워즈 입문서』. 이용중 역. 서울: 부흥과개혁사, 2008. 1장(조나단 에드워즈의 신학적 여정), 2장(에드워즈의 지적 배경) 그리고 3장(존재와 동의), 4장(삼위일체), 9장(의지의 자유) 부분.

처음 공부하는 조나단 에드워즈

MacClymond, Michael and Gerald R. McDermott. *(The) Theology of Jonathan Edwards*. New York: Oxford University Press, 2012.
(번역본)『(한 권으로 읽는) 조나단 에드워즈 신학』임요한 역. 서울: 부흥과개혁사, 2015. 13장(삼위일체), 14장(하나님의 창조 목적), 16장(예수 그리스도의 인격과 사역) 부분.

Piper, John.『하나님의 영광을 위한 하나님의 열심』백금산 역. 서울: 부흥과개혁사, 2003.

Studebaker, Steven M. and Robert W. Caldwell. *The Trinitarian Theology of Jonathan Edwards: text, context, and application*. Farnham, England: Ashgate, 2012.

4. 에드워즈의 타락

18세기 계몽주의는 진보적인 세계관과 함께 인간을 이성적이고 합리적이며, 본성적으로 선한 존재로 이해한다. 이러한 시대적 흐름으로 세력을 얻은 도덕철학은 원죄에 대한 기독교 전통을 흔들었다.[1] 합리적 기독교를 표방하는 이신론과 아르미니우스주의는 인간의 전적 타락을 거부하고 이성의 기능과 의지의 자유를 수용했다. 이들은 아담의 후손들이 죄에 편향적이지 않으며, 선을 행할 수 있다고 주장했다. 이것은 하나님을 악의 창시자로 만들지 않고, 인간에게 죄의 책임을 두려는 시도였

---

1   조현진, "조나단 에드워즈의 원죄론 연구,"「한국개혁신학」42 (20214): 193.

처음 공부하는 조나단 에드워즈

다. 하지만 결과적으로 하나님의 권위를 인간의 의지에 종속시킴으로써 하나님의 주권을 훼손하였다. 이에 에드워즈는 개혁주의 토대에서 아담의 타락과 죄의 전가(imputation)를 변증하며, 하나님의 주권과 인간의 책임이 양립가능한 좌표를 제공했다. 그는 존 로크(John Locke, 1632-1704)의 철학이나 아이작 뉴턴(Isaac Newton, 1643-1727)의 과학과 같은 당대의 가장 발전된 사상을 최대한 활용하여 개혁주의 신학을 진술하였다.[2] 에드워즈가 소개하는 타락을 재구성하여 살펴보자.

(1) 천사의 타락

성경은 사탄과 천사들의 타락을 분명히 밝히지 않는다. 죄의 기원은 창세기 3장에서 인간의 타락으로 거슬러 올라가지만, 천사의 세계에서 먼저 발생한 것에 주목할 필요가 있다. 하나님은 천사들을 선한 존재로 창조했지만(창 1:31), 그들은 타락했다.[3] 즉, 천사들의 사악함은 창조에서 비롯된 것이 아니라

---

2 Paul Helm, "The Great Christian Doctrine(Original Sin)," in *A God-Entranced Vision of All Things*, eds., John Piper and Justin Taylor (Wheaton, Illinois: Crossway Books, 2004), 176-77.

3 Louis Berkhof, *Systematic Theology* (Edinburgh: Banner of Truth Trust, 1971), 220-21.

타락에서 기인한다.[4] 성경은 천사들의 타락이 우리와 관련이 없기 때문에 최소한의 내용만 다루며, 천사들의 타락, 그 원인, 방식, 시기 그리고 그 특징에 관해 조직적으로 말하지 않는다.[5] 선한 창조 세계에 어떻게 죄가 들어왔을까? 만약 처음부터 사악한 존재로 창조되었다면, 어떻게 선한 창조라고 말할 수 있는가?[6] 에드워즈는 합리적인 추론을 통해 설명한다.

> 성경을 볼 때, 다른 모든 귀신 중 훨씬 더 우월한 존재가 있다는 것은 명백한 것처럼 보인다. 때때로 그의 굉장한 우월성은 하나님과 인류의 대적, 형제들의 고발자, 위협적인 파괴자처럼 개별적인 존재로 말해진다.[7]

마귀는 타락하기 전 루시퍼 또는 새벽 별(morning star)로 불린다. 이 별은 군주나 통치자로 자주 상징된다. 이것은 유대인의 왕으로 태어난 자를 묻는 동방박사의 말에서 확인할 수 있다. 천사들은 일반적으로 별이라 불리는데, 부분적으로 그들이 가지고 있는 지배권을 의미한다. 그들은 신약에서 보좌, 통

---

4 John Calvin, *Calvin: Institutes of the Christian Religion*, ed. John T. Mcneill (Philadelphia: Westminster John Knox Pr, 1960), 1. 14. 16. (이후 Institutes로 인용함)

5 Calvin, *Institutes*, 1. 14. 16.

6 Jonathan Edwards, "Miscellany no. 290)," WJE 13:382.

7 Edwards, "Miscellany no. 936," WJE 20:190.

처음 공부하는 조나단 에드워즈

치, 권세와 능력으로 불린다. 이런 면에서 사탄은 한 나라의 장관처럼 우주의 고위직에 있던 창조물로 자연스럽게 생각된다. 그리스도는 최고 영광뿐만 아니라 최고 권위를 가진 **"광명한 새 벽 별"**로 불리기도 했다(계 22:16). 따라서 사탄이 새벽별로 불리는 것은 모든 창조물을 능가하는 권위를 가졌다는 것을 보여 준다.[8]

에드워즈는 하나님과 천사들과의 언약을 가정한다. 천사들은 창조주의 계획을 자발적으로 받아들일 수 있는 지적인 창조물이다. 하나님이 천사들과 영원한 행복을 위한 언약을 맺을 때, 언약에 따른 보상과 형벌을 천사들에게 당연히 알렸을 것이다. 즉, 천사들이 처음 창조되었을 때, 그들은 인간을 보살피고 하나님의 아들을 섬겨야 한다는 것을 충분히 알았을 것이다. 하나님이 특별한 봉사를 위해 천사들을 만든 것을 고려할 때, 이 사역에서 천사들의 충성이 보상이나 대가의 조건이 되는 것은 합리적이다. 따라서 이 법을 거부하거나 위반하는 것이 천사들의 타락이라고 추론할 수 있다.[9]

천사들은 하나님의 목적과 특별한 봉사를 위한 언약을 파괴했다.[10] 그들은 자신보다 열등한 존재인 사람을 위해 일하

---

8 Edwards, "Miscellany no. 1264," WJE 23:212.

9 Edwards, "Miscellany no. 939," WJE 20:198.

10 Edwards, "Miscellany no. 939," WJE 20:198.

는 것을 거부했다.[11] 인간들을 섬기고 그들의 하인이 되는 것을 모욕적이고 비참한 것으로 생각했다. 타락한 천사들은 마치 하나님이 자신들을 부당하게 다루는 것처럼 생각해서 더 쉽게 거역했다.[12] 또한 타락한 천사들은 구속사역을 반대하고, 성육신 하신 그리스도를 섬기는 것을 거부했다. 천사들은 구속사역을 위해 창조되었고, 그리스도께 복종해야만 했다. 그들은 신인(God-man)인 그리스도를 의존하고, 그리스도의 성육신, 고난과 승귀와 구속사역의 혜택을 받아야 했다.[13] 그런데 천상에서 성육신이 처음 알려졌을 때, 타락한 천사들은 인성을 가진 그리스도께 복종해야 한다는 것을 거부했다. 그들은 성육신 하신 그리스도를 죽이고 승리를 쟁취하려고 했다.[14] 잔키우스(Girolamo Zanchius, 1516-90)가 진술하는 것처럼, 타락한 천사들은 하나님이 세운 곳을 떠나 지상에 내려와 그리스도를 대항하며 독립된 왕국을 세우려고 했다. 그래서 하나님은 그들을 영원한 고통과 지옥으로 정죄했다(벧후 2:4).[15]

천사들의 타락을 초래한 죄에 대하여 거의 알려진 것이

---

11 Edwards, "Miscellany no. 1057," WJE 20:39.

12 Edwards, "Miscellany no. 438," WJE 13:48.

13 Edwards, "Miscellany no. 937," WJE 20:196.

14 Jonathan Edwards, *A History of the Work of Redemption*, WJE 9:381.

15 Edwards, "Miscellany no. 1261," WJE 23:198-99.

처음 공부하는 조나단 에드워즈

없다. 벌코프는 타락의 원인으로 권능과 권위에서 하나님처럼 되고자 하는 교만의 죄를 꼽는다(딤전 3:6). 그들은 자신들에게 할당된 통치와 능력에 만족하지 않았다. 베드로후서 2장 4절, 유다서 6절은 악한 천사들이 원래의 지위를 지키지 않아서 타락한 것을 분명히 암시한다. 악한 천사들은 하나님에게 대항하고 그의 권위를 거역했다.[16] 에드워즈는 천사 타락의 원인으로 의지행위에 앞선 성향을 꼽는다.

> 타락한 천사들은 하나님께 저항하는 것이 최선이라고 생각하고 하나님의 통치와 명령에 독립적이 되려고 노력했을 것이다. 그들은 자신들의 영예에 대한 욕구를 가졌고, 이것은 거룩한 성향을 압도했다. 한번 반역했을 때, 그들은 완전하고 억제되지 않는 분노에 즉각적으로 내맡겨졌다.[17]

(2) 아담의 타락

아담은 선하고 의롭게 창조되었다. 그는 존재할 때부터 창조물로서 완벽하게 의로웠고, 도덕적 행위자로서 의롭게 행

---

16 Berkhof, *Systematic Theology*, 148.
17 Edwards, "Miscellany no. 438," WJE 13:487.

동할 수 있는 존재였다. 즉, 그는 존재하자마자 의로운 행위의 규칙 아래에 놓였고, 의롭게 행동해야만 했다. 따라서 금단의 열매를 먹은 것은 아담이 범한 첫 번째 죄이다.[18] 아담은 타락하지 않을 수 있었는가? 만약 그가 원했더라면 얼마든지 타락하지 않을 수 있었다. 선과 악을 선택하는 일은 전적으로 아담의 몫이었다. 죄를 짓기 전까지 아담의 정신과 의지는 최고의 상태를 유지하고 있었다. 그러나 아담은 스스로 자신을 파괴했다. 그가 타락한 것은 그의 의지가 이쪽이나 저쪽으로 기울어질 수 있었기 때문이다.[19] 아담이 타락한 원인을 외적 요인과 내적 요인으로 살펴보자.

1) 사탄의 유혹 - 외적 원인

에드워즈는 1731년 여름, 창세기 3장 24절, "이같이 하나님이 그 사람을 쫓아내시고 에덴 동산 동쪽에 그룹들과 두루 도는 불 칼을 두어 생명나무의 길을 지키게 하시니라"를 근거로 **"에덴의 동쪽"**(East of Eden)을 설교한다. 창세기 3장은 인간의 타락과 저주를 설명하는데, 성경 전체에서 가장 슬프고 우울한

---

18 Jonathan Edwards, *Original Sin*, WJE 3:228.
19 Calvin, *Institutes*, 1. 15. 8.

처음 공부하는 조나단 에드워즈

장면이다. 우리의 첫 조상은 단순히 인간이 가질 수 있는 명예와 행복에 만족하지 않았다. 아담과 하와는 타락 전에 선을 알았지만, 악한 것을 알지 못했다. 그들은 악한 것을 알지도 못했고 결코 경험하지 못했다. 그들은 사탄이 그들에게 약속한 것처럼 선과 악을 아는 하나님처럼 되려는 마음을 가졌다(창 3:5).[20]

인간의 타락은 마귀의 유혹에서 시작된다. 여자가 뱀의 간계에 이끌려 하나님의 말씀을 떠났다. 마귀의 유혹 자체가 없었다면, 아담은 타락하지 않았을 것이다.[21] 뱀은 들판의 어떤 짐승보다 간교했고, 다른 어떤 동물보다 아담과 친밀했을 것이다. 따라서 뱀은 유혹의 도구로 선택되었다.[22] 여자는 자기가 잘 아는 뱀이 하는 말을 기뻐했고, 하나님처럼 된다는 것에 쉽사리 설득되었다.[23] 아담과 하와는 자신들의 본성에 있어서 비약적 발전을 상상했다. 그러나 그들이 타락했을 때, 대가를 지불하고 선과 악을 알았다. 하나님은 아이러니하게도 **"이 사람이 선악을 아는 일에 우리 중 하나 같이 되었으니"**라고 말한다.[24] 에드워즈는 아담의 실패를 이렇게 설명한다.

---

20 Jonathan Edwards, "East of Eden," WJE 17:331.

21 Calvin, *Institutes*, 2. 1. 4.

22 Edwards, "Miscellany no. 173," WJE 13:324.

23 Edwards, "Miscellany no. 173," WJE 13:324-25.

24 Jonathan Edwards, "Christians a Chosen Generation," WJE 17:321.

인류의 첫 번째 보증인 아담은 행위에서 실패했다. 왜
냐하면 그는 단지 창조물이었고, 가변적 존재였다. 비
록 그는 모든 후손의 영원한 복리의 책임자로서 큰 신뢰
를 받았지만, 변하고 실패하여 하나님의 거룩한 언약을
위반하였다. 아담은 마귀의 교묘한 유혹에 끌려갔다.[25]

에드워즈는 아담의 타락과 율법을 연관시킨다. 우리의 첫
번째 조상이 금단의 열매를 먹음으로써 십계명의 조항을 모두
어겼다. 첫째 계명, 그들은 새로운 신(gods)을 선택한다. 그들
은 배(belly)를 자신들의 신으로 만들었다. 자신들의 조물주에
게 불순종하고 마귀를 신뢰했다. 둘째 계명, 그들은 금단의 열
매에 대한 하나님의 규례를 지키지 못했다. 그들은 하나님의 규
례를 경멸하였고 하나님을 어떻게 섬겨야 할지 스스로 결정했
다. 셋째 계명, 그들은 하나님의 공의, 진리, 능력 등을 경멸하며
하나님 여호와의 이름을 헛되이 취했다. 그들은 하나님의 말씀
을 신뢰하지 않고 남용하며 성례전적 나무(sacramental tree)를
심하게 모독했다. 넷째 계명, 그들은 안식일을 거룩하게 지키지
않았고, 자신의 시대에 하나님을 올바로 섬기지 않았다. 뿐만
아니라 그들은 하나님이 그들을 두신 거룩한 안식의 상태를 유
지하지 않았다. 다섯째 계명, 그들은 상호 의무를 저버렸다. 하

---

25 Jonathan Edwards, "1 Cor. 13:1-10(b)," in WJE 53.

처음 공부하는 조나단 에드워즈

와는 남편의 조언 없이 행동했고, 아담은 그녀에게 회개의 권면을 하지 않고 유혹에 굴복했다. 여섯째 계명, 그들은 후손에 대한 모든 의무를 잊었다. 일곱째 계명, 그들은 사치와 관능에 빠졌다. 여덟째 계명, 가장 위대한 소유자인 하나님의 명시적 의지에 반대하여 자신의 것이 아닌 것을 탈취했다. 아홉째 계명, 그들은 거짓 증언을 하고 천사, 마귀, 서로 앞에서 하나님에 대하여 거짓말을 했다. 열째 계명, 그들은 자신들의 분깃에 불만이 있었고, 그들의 집에 대한 악한 탐욕을 갈망했다. 따라서 인간 안에 있는 하나님의 형상은 한꺼번에 훼손되었다.[26]

2) 아담의 성향 변화 - 내적 원인

사탄이 아담의 타락에 어느 정도 역할을 한 것은 분명하지만, 직접적인 책임은 첫 사람 아담 자신에게 있다. 왜냐하면 타락 전 아담은 하나님의 법을 완벽하게 순종할 수 있는 능력이 있었기 때문이다.[27] 하나님과 아담이 행위 언약(the covenant of works)을 맺을 때, 언약 위반에 대한 명확한 처벌 규정이 없다. 하지만 아담은 자신의 의무와 언약을 어겼을 경우, 처벌받아야

---

26   Edwards, "Miscellany no. 1078," WJE 20:460-61.

27   Edwards, "East of Eden," WJE 17:338.

하는 것을 본성(nature)과 이성(reason)으로 충분히 알 수 있었을 것이다.[28] 아담은 창조주의 형상(image)이라는 점에서 지성을 가지고 의지적 행위를 산출할 수 있는 자발적 행위자였다.[29] 즉, 아담은 자신을 위해 가장 좋은 것에 대한 선택에서 비롯된 이성적 의지에 관하여 충분한 은혜를 가지고 있었다. 따라서 속지 않았다면 이성적 의지의 왜곡이나 타락은 없었을 것이다.[30] 다시 말해, 아담의 의지는 우리와 달리 자유로웠고, 죄를 짓지 않을 수 있었다.[31] 에드워즈의 말을 직접 들어보자.

> 아담은 하나님의 충분한 도움을 받았기 때문에, 만약 아담이 자신의 자연적 능력을 사용하려고 노력했다면 순종할 수 있었다. 물론 그 도움의 성격은 아담이 죄를 짓는 것이 불가능하게 만드는 확증과는 다르다. 아담은 속아서 인내하려는 노력을 하지 않았을 것이다. 그러나

---

28 Edwards, "Miscellany no. 401," WJE 13:466; Joel R. Beeke and Mark Jones, *A Puritan Theology: Doctrine for Life* (Grand Rapids, Mich: Reformation Heritage Books, 2012), 37. 청교도 신학자들은 행위 언약, 은혜 언약, 구속 언약이라는 용어가 성경에 나오지 않지만, '**건전하고 필연적인 귀결**'(good and necessary consequence: 웨스트민스터신앙고백 1.6)로 받아들이고 신학을 전개했다. 행위 언약은 하나님께서 천지창조 직후 최초 인류 아담과 맺으신 언약을 의미한다.

29 Edwards, "Miscellany no. 864," WJE 20:96.

30 Edwards, "Miscellany no. 436," WJE 13:485.

31 Edwards, "Miscellany no. 436," WJE 13:484.

처음 공부하는 조나단 에드워즈

**만약 아담이 인내하는 노력을 했다면, 그는 충분히 순
종할 수 있었다. 즉, 인간은 자신의 능력과 자신이 행한
일로 첫 번째 언약 아래에서 영생과 복을 얻을 수 있는
매우 공정한 기회를 가졌다.[32]**

죄를 짓지 않을 수 있었던 아담은 왜 첫 번째 범죄를 선
택했을까? 에드워즈는 아담의 의지행위보다 앞서는 성향에 주
목한다. 즉, 성향은 의지행위의 원인이나 동기이다. 의지는 가
장 강한 동기에 의해서 또는 의지작용을 자극하는 가장 큰 사전
(previous) 성향을 갖는 마음의 관점에 의해서 항상 결정된다.[33]
따라서 선악과를 먹으려는 성향은 먹는 행위보다 분명히 앞선
다.[34] 아담이 금지된 열매를 먹는 의지행위는 우연히 발생하지
않았다. 타락 전 아담의 성향은 하나님의 선을 추구하고 초자연
적 원리를 즐거워하고 거룩함을 향하도록 창조되었다.[35] 그런데
사단의 유혹으로 인한 착각과 오류로 선악과를 먹는 죄의 성향
이 아담 안에 생겼다.[36] 하나님을 거역하는 마음의 변화가 생겼
고, 결국 하나님과 맺은 언약을 파기했다.

---

32 Edwards, "East of Eden," WJE 17:338-39.

33 Jonathan Edwards, *Freedom of the Will*, WJE 1:148.

34 Edwards, *Original Sin*, WJE 3:228.

35 Edwards, *Original Sin*, WJE 3:231.

36 Edwards, *Original Sin*, WJE 3:228.

(3) 타락의 허용과 결과 - 원죄 발생

첫 번째 죄는 사단의 유혹과 그에 따른 아담의 성향과 의지행위로 발생했다. 하지만 선한 창조에서 죄의 발생은 그리 간단한 문제가 아니다. 만약 하나님이 아담이 타락할 것을 몰랐거나 알면서도 막지 못했다면, 하나님은 과연 전지전능한가? 만약 하나님이 아담의 타락을 알면서도 막지 않았다면, 하나님은 과연 도덕적으로 탁월한 분인가? 에드워즈는 허용의 개념으로 무능과 직무유기의 프레임을 벗어난다.

1) 하나님의 허용

죄의 성향이 없는 아담이 어떻게 죄를 지었을까? 하나님이 아담에게 주었던 은혜를 거두어서 그가 타락한 것인가? 그렇지 않다. 오히려 하나님이 아담에게 더이상 은혜를 주지 않았기 때문에, 아담은 유혹에 빠져 죄를 지었다.[37] 그렇다면 하나님이 유혹자가 아니라는 것을 고려할 때, 어떻게 마귀가 유혹하였는가? 하나님에 대한 사랑의 영이 떠나자마자 아담과 하와는 외적 즐거움과 유익을 위해 특별한 욕구와 성향에 대해 경계를 풀었

---

37   Edwards, "Miscellany no. 290," WJE 13:382.

처음 공부하는 조나단 에드워즈

다.[38] 에드워즈는 일어나는 현상과 실제적인 원인을 통해서 죄의 허용과 죄를 행하는 것을 구분한다. 그의 말을 직접 들어보자.

내적 주체와 행위자 안에서, 하나님이 죄를 허용하여 어떤 사건과 행위에 관여하는 것과 하나님이 죄의 행위를 만들어 내거나 조장하는 것에 관여하는 것은 큰 차이가 있다. 또는 하나님이 어떤 상황에서 죄를 막지 않아 죄가 존재하도록 주관하는 것과 능동적인 행위와 개입으로 진정한 죄의 행위자 또는 창시자라는 것 사이에는 큰 차이가 있다.[39]

에드워즈는 태양을 예로 설명한다. 태양은 대기가 화창하거나 따뜻한 것의 원인이 된다. 그런데 밤이 되어 태양이 지평선 아래로 내려가면, 어둠과 서리는 필연적으로 발생한다. 이런 면에서 태양은 어둠과 서리의 원인이 된다. 그렇다고 해서 태양이 어둠과 서리의 본래적 원인 또는 작용인(efficient)이나 생산자는 아니다. 태양 자체는 어둡거나 차갑지 않다. 태양은 어둠과 서리의 원인이 아니며, 오히려 태양이 지평선 아래로 내려간 결과이다. 즉, 태양은 빛과 열의 원천이라는 것이 필연적인 논증이다.

---

38 Edwards, "Miscellany no. 457," WJE 13:500.

39 Edwards, *Freedom of the Will*, WJE 1:403.

이와 같이 죄는 지극히 높으신 하나님의 적극적 행위나 영향의 결과가 아니다. 하나님의 어떤 행위도 악한 사람들이 악한 의지를 갖는 원인이라고 할 수 없다. 왜냐하면 죄는 하나님의 활동이 보류될 때 발생하기 때문이다. 하나님의 영향력이 결핍일 때 필연적으로 발생한다고 해서, 하나님이 죄의 원인이라거나 하나님의 본성이나 행위가 악하다는 논증이 될 수 없다. 오히려 하나님의 행위가 모두 선하고 거룩하다는 것과 하나님이 모든 거룩함의 원천이라는 것을 논증한다. 따라서 태양이 부재일 때 발생하는 어둠과 서리가 태양의 책임으로 몰아갈 수 없는 것과 마찬가지로, 하나님에게 죄의 책임을 물을 수 없다. 다시 말해, 하나님이 사람들을 버려둘 때를 제외하고는 그들은 죄를 지을 수 없고, 하나님이 그들을 버려둘 때에는 필연적으로 죄를 짓는다. 그렇다고 해서 하나님에게 인간이 범한 죄의 책임을 전가하는 것은 논리적 허구이다.[40]

에드워즈는 **"충분한 은혜"**(sufficient grace)와 **"유효한 은혜"**(efficacious grace)를 구별하여 아담의 책임을 논증한다. 충분한 은혜는 사단과 죄의 유혹을 이길 수 있는 은혜이며, 유효한 은혜는 사단과 죄의 유혹에 절대 실패할 수 없는 은혜이다. 즉, 아담은 행위 언약을 지키고, 사단의 시험을 이길 수 있는 충

---

40 Edwards, *Freedom of the Will*, WJE 1:404.

분한 은혜가 있었다. 다시 말해, 그는 자신의 전체 의지와 관련하여, 그리고 자신에게 최선인 이성적 판단에서 비롯된 의지와 관련하여 자유인이 될 수 있었다. 그러나 아담은 모든 시험을 절대 실패할 수 없는 복음의 유효한 은혜가 없었다.[41] 따라서 아담은 창조될 때에 처음부터 죄가 내재된 상태로 창조된 것이 아니다. 만약 죄가 세상에서 발생했고, 세상 가운데 나타났다면, 죄는 창조물에게 속하는 불완전함에서 발생한 것이며, 하나님을 죄의 작용인이나 원천으로 볼 수 없다. 하나님은 죄의 능동적 원인이나 실제적인 근원은 아니다.[42]

2) 타락의 결과

타락의 결과는 사망이다. 첫 사람 아담이 하나님과 언약을 파괴하지 않고 순종했다면, 그는 일정 시간이 지난 후에 생명나무를 먹을 수 있었을 것이다.[43] 그러나 그는 실패했고, 금단의 열매를 먹은 결과는 너무 끔찍했다.[44] 아담은 동산에서 쫓겨났고, 그가 동산에서 누릴 수 있는 영적 즐거움과 모든 즐거움

---

41 Edwards, "Miscellany no. 436," WJE 13:485.

42 Edwards, *Freedom of the Will*, WJE 1:413.

43 Edwards, "East of Eden," WJE 17:338.

44 Jonathan Edwards, "504. Genesis 3:11," in WJE 53.

을 상실했다. 아담은 순종하는 동안 생명나무를 먹으러 갈 수 있었다. 하지만 아담이 타락했을 때, 하나님은 아담이 생명나무에 절대 접근할 수 없게 만들었다(창 3:22-24).[45] 에드워즈의 말을 직접 들어보자.

> 아담은 그 날 실패했고 죽었다. 그의 본성은 파괴되었고, 그의 영혼의 본성은 성경에서 "사망"이라고 불린다(엡 2:1, 5; 골 2:13; 마 8:22; 요 5:25). 아담의 몸의 본성은 그날 파괴되었고, 필멸의 존재가 되었다. 그의 전인(whole man)은 정죄와 사망의 대상이 되었다. 그는 사형선고를 받은 것이다.[46]

아담의 범죄로 인류는 신적 원리를 상실했다. 하나님이 처음 인간을 만들 때, 두 가지 종류의 원리를 심어두었다. 하나는 열등한 종류인 자연적 원리인데, 자기애(self-love)와 같은 인간 본성의 원리이다. 다른 하나는 우월한 원리인데, 영적, 거룩하고 신적인 원리이다. 성경에서 '신성한 성품'(divine nature)으로 불린다. 이것은 하나님의 영적 형상, 인간의 의, 참된 거룩함으로 구성된다.[47] 타락 이후 아담은 이 신적 원리를 상실했다.

---

45 Edwards, "East of Eden," WJE 17:332.

46 Jonathan Edwards, *Notes on Scripture*, WJE 15:302.

47 Edwards, *Original Sin*, WJE 3:381-82.

처음 공부하는 조나단 에드워즈

이런 지배적 신적 원리는 인간 본성의 위엄, 생명, 행복, 영광이었다. 인간이 죄를 짓고 하나님의 언약을 깨뜨리고 저주 아래 떨어졌을 때, 이런 신적 원리는 인간의 마음을 떠났다. 왜냐하면 실제로 하나님이 인간을 떠났기 때문이다. 신적 원리를 의존하던 하나님과 교제가 완전히 중단되었다. 신적 거주자인 성령은 그 집을 버렸다.[48]

아담의 범죄 결과는 '원의'(original righteousness)의 상실이다. 하나님의 형상으로 창조된 아담은 죄와 부패에 오염되지 않은 의로운 상태였다. 아담은 죄를 짓기 이전에 원의를 가지고 있었다. 단지 모든 유혹을 극복하기에 적합한 은혜, 즉 천국에서 주어질 확증하는 은혜를 보류했을 뿐이다. 이 확증하는 은혜는 만약 아담이 언약을 지켰다면 받았을 보상이었다.[49] 그런데 아담은 원죄로 인해 원의를 상실했다. 하나님이 타락한 아담에게 거룩하고 은혜로운 사랑을 계속 주는 것은 부적절하며, 아담은 원의를 상실해야 마땅하다. 즉, 인간이 하나님의 저주를 받고 하나님의 원수가 된 후에 성령과 하나님의 신적 사랑이 그의 마음에 머무는 것은 적절하지 않기 때문에, 인간이 죄를 지었을 때 원의를 빼앗기는 것은 필연적이다.[50] 결국 원의를 상실한 인

---

48 Edwards, *Original Sin*, WJE 3:382.

49 Edwards, "Miscellany no. 290," WJE 13:382.

50 Edwards, "Miscellany no. 374," WJE 13:446.

간은 악한 성향의 영향력 아래에서 비참한 상태로 들어가게 되었다.[51]

아담은 타락으로 인해 의지의 자유를 상실했다. 일상적으로 **"자유"**는 자신이 기뻐하는 것을 하는 대로 할 수 있는 능력이나 기회를 갖는 것을 의미한다. 즉 자신의 의지대로 행하는 데 대한 어떠한 방해나 장애가 없는 것을 의미한다.[52] 따라서 의지의 자유를 상실했다는 말은 선택의 기능 자체를 상실한 것이 아니라 선을 선택할 수 있는 자유가 없다는 의미이다. 타락 전 아담은 타락 후 아담보다 훨씬 더 자유롭고 더 많은 자유를 가졌다. 그의 이성과 판단에서 생긴 성향은 열등한 성향에 의해 결코 억제되지 않는다. 그러나 타락한 아담은 타락 전에 가졌던 의지의 자유를 상실했다.[53]

(4) 우리가 아담의 형벌을 받는 것인가?

아담의 범죄와 우리가 무슨 관련이 있는가? 많은 사람은 우리가 아담의 형벌을 받는 것을 상식에 반하는 것으로 간주한

---

51 조현진, "조나단 에드워즈의 원죄론 연구," 「한국개혁신학」 42 (2014): 190.

52 Edwards, *Freedom of the Will*, WJE 1:163.

53 Edwards, "Miscellany no. 291," WJE 13:383.

다. 그러나 하나님의 공의에 일치한다. 부모의 죄 때문에 자녀들이 모든 면에서 고통을 겪는 것은 보편적으로 경험할 수 있는 상식이다.[54] 아담은 우리의 시조일 뿐만 아니라 인간의 본성과 관련하여 우리의 뿌리이다. 즉, 아담의 부패는 우리의 부패이다. 한 사람의 예외도 없이 부모의 부패가 자녀에게 전달된다. 이것은 바울이 아담과 그리스도를 비교하는 지점에서 분명히 드러난다(롬 5:12, 17).[55] 불순한 씨에서 내려온 우리 모두가 태어날 때부터 죄에 감염되었다.[56] 따라서 우리는 첫 번째 사람 안에서 원의를 상실했다.[57] 하나님은 아담에게 인간 본성에 부여하고자 하는 은사들을 맡겼다. 따라서 아담이 은사들을 잃어버린 것은 우리 역시 잃어버린 것이다.[58] 우리가 아담에게서 비롯된 형벌이지만, 우리와 무관한 형벌이 아니다.

1) 원죄(original sin)

에드워즈는 원죄를 **"선천적인 마음의 부패"**로 정의한다.

---

54 Edwards, "Miscellany no. 1237," WJE 23:171.
55 Calvin, *Institutes*, 2. 1. 6.
56 Calvin, *Institutes*, 2. 1. 5.
57 Calvin, *Institutes*, 2. 1. 1.
58 Calvin, *Institutes*, 2. 1. 7.

그러나 원죄 교리는 통상적으로 본성의 부패뿐만 아니라 아담의 첫 죄에 대한 전가까지 포함한다. 전가는 아담의 허물과 책임이 그의 후손에게 옮겨진 것을 의미한다.[59] 자연의 순리에 따라 아버지는 자녀를 낳고, 도토리나무는 열매를 맺거나 싹을 틔운다. 이전의 나무줄기는 현재의 나무줄기가 된다. 즉, 확립된 법칙과 자연의 순리에 따라 새로운 창조물이 이전의 창조물을 뒤따른다.[60] 아담은 전체 몸의 머리, 전체 나무의 뿌리와 같다. 아담과 맺은 언약이나 규칙과 관련하여, 하나님은 아담을 뿌리에 존재하는 것처럼 모든 가지를 다루었다.[61] 인류의 머리이며, 큰 나무의 뿌리인 아담이 원의를 상실했기 때문에, 그 가지들이 원의 없이 나오는 것은 이치에 맞다.[62] 따라서 하나님의 판단에 따라 아담의 죄에 대한 형벌에 그의 후손이 참여하는 것이다.[63]

"**전가**"라는 단어가 아담의 죄에 명백하게 적용되지 않는다고 해서, 아담의 죄가 그의 후손에게 전가되지 않는다고 주장할 수 없다. 성경에서 "**전가**"라는 단어가 자주 사용되지 않는다. 그렇다고 해서 교만, 불신, 거짓말, 절도, 억압, 박해, 음행, 간음,

---

59 Edwards, *Original Sin*, WJE 3:107.

60 Edwards, *Original Sin*, WJE 3:401.

61 Edwards, *Original Sin*, WJE 3:389.

62 Edwards, *Original Sin*, WJE 3:386.

63 Edwards, *Original Sin*, WJE 3:107.

처음 공부하는 조나단 에드워즈

남색, 위증, 우상, 그 외에 수많은 도덕적 악이 우리의 본성에 없는 것은 아니다.[64] 다시 말해, 인간은 첫 번째 범죄의 연속성으로 인한 본성적 부패 때문에, 우리는 태어나자마자 하나님 앞에서 유죄이다.[65] 만약 모든 종류의 나무가 토양, 국가, 기후, 계절과 상관없이 나쁜 열매를 맺으면, 나무 본성 자체가 나쁘다는 명백한 증거이다. 이것은 인간 본성에 동일하게 적용될 수 있다. 만약 모든 시대, 나이, 장소를 불문하고 보편적 죄악성이 있고, 가능한 빨리 그리고 지속적으로 죄를 짓는다면, 인간 내부에 영구적이고 보편적인 악한 본성이 있다는 것을 의미한다.[66]

2) 대표자 아담

언약적 관점에서 볼 때, 아담의 범죄와 우리는 깊은 관련이 있다. 성경은 아담을 공적 인간으로 소개한다. 전도서 7장 29절, "하나님은 사람(man)을 정직하게 지으셨으나 사람(they)이 많은 꾀들을 낸 것이니라"에서 사람이 단수에서 복수로 바뀐다. 즉, 하나님의 형상으로 창조된 아담은 자신뿐만 아니라 모든 자연적 후손의 행복한 상태를 유지하거나 잃게 할 수 있는

---

64 Edwards, *Original Sin*, WJE 3:422.

65 Edwards, "Miscellany no. 384," WJE 13:452.

66 Edwards, *Original Sin*, WJE 3:191.

공적 인간으로 간주된다.[67] 따라서 아담은 단순한 개인이 아니라 인류 전체의 첫 조상이다. 아담에게 경고된 영원한 죽음은 후손들의 죽음과 관련이 있다.[68] 즉, 아담이 에덴동산에서 선악을 알게 하는 나무의 실과를 먹은 것은 개인적인 차원이 아니라 대표성을 가진 행위이다. 에드워즈의 말을 직접 들어보자.

> 한 머리가 모든 사람을 대신하도록 임명되는 것은 세대의 방식으로 번식되는 인류의 상태에 굉장히 적합하다. … 나머지 모든 인류가 자신들을 대표하는 것보다 그들의 첫 번째 조상이 그들을 대표하는 것이 더 적합할 수 있다. 아담의 개인적 자격을 고려할 때, 하나님이 인류의 어린 시절보다 인류의 평범한 조상을 모든 인류의 대표자로 지명한 것은 지혜롭고 선한 행위였다.[69]

아담은 인류의 대표로서 하나님과 맺은 행위 언약을 위반했다. 만약 아담이 행위 언약을 지키고 금단의 열매를 먹지 않았다면, 율법을 지켰다면, 생명나무를 먹고 영원히 살 수 있었을 것이다. 만약 아담이 시험을 견뎌냈다면, 시험 이후에 보상으로써 생명나무를 먹었을 것이다. 아담이 순종을 마치자마자

---

67   Edwards, "Miscellany no. 1049," WJE 20:391.

68   Edwards, *Original Sin*, WJE 3:245.

69   Edwards, "Miscellany no. 997," WJE 20:325-26.

하나님은 그에게 영생하도록 생명나무의 열매를 주었을 것이고, 영원히 살았을 것이다.[70] 아담의 후손은 아담 자신 만큼 행위 언약에 관련되어 있다.[71] 아담이 범죄 했을 때 아담과 그의 후손 모두에게 거룩한 하나님의 형상이 거부되었다. 즉, 아담과 그의 후손은 모두 타락했다.[72] 아담의 후손은 아담과 마찬가지로 선악과를 먹은 것으로 간주되었다. 그들은 아담 안에서 죄를 지었고, 따라서 동일한 심판에 놓인다. 행위 언약 위반의 죄책은 그들에게 전가되었다. 그들은 영적이고 거룩한 원리를 상실했고, 부패하였다.[73]

하나님이 첫 언약을 위반한 것에 대해 사법적으로 자신의 영과 형상을 거둬들임으로써, 아담의 후손은 본성적으로 타락했다. 그것은 자연적으로 발생한 것이 아니라 그들의 첫 번째 죄, 즉 금단의 열매를 먹은 것에 대한 심판으로 하나님이 자신의 영을 거둬들인 것이다.[74] 따라서 원죄는 모든 사람에게 이르게 된다. 아담이 언약을 위반했을 때, 하나님은 아담 안에 거하시는 은혜, 즉 원의를 거두셨다. 그들 역시 언약을 위반했기 때문에 동

---

70   Edwards, "East of Eden," WJE 17:332.

71   Jonathan Edwards, "Rom. 7:14," in WJE 45.

72   Edwards, "Miscellany no. 301," WJE 13:389.

73   Edwards, "Rom. 7:14," in WJE 45.

74   Edwards, "Rom. 7:14," in WJE 45.

일한 이유로 그의 후손은 거부되었다.[75]

공로의 법적 전가나 공로에서 발생하는 열매를 다른 사람에게 적용하는 것은 인간 사이에 불공정한 것으로 간주되지 않는다. 공로나 결점이 후손에게 유전되는 것은 자연의 필요이든 세워진 법령이든 의지와 무관하게 상속된다. 아들은 아버지의 공헌과 신의 때문에 반역죄조차도 때때로 용서받는다. 구약 성경을 보면, 이스라엘은 자신들이 형벌을 받는 것을 조상들의 탓으로 돌렸다. 에스겔은 그들에게 아들이 아버지의 죄로 인해 고통을 겪지 않을 것이며, 죄를 짓는 그 영혼이 죽을 것이라고 말한다. 그러나 분명한 것은 그들은 실제로 조상과 왕들의 우상숭배와 다른 죄 때문에 가뭄, 기근, 염병, 전쟁 등 고통을 겪었다.[76]

3) 구속사역을 위한 기나긴 여정 시작

구속사적 관점에서 볼 때, 아담의 범죄와 우리는 깊은 관련이 있다. 아담의 타락과 원죄의 발생은 구속사역을 향한 여정의 시작이다. 인간의 타락이 너무나 빨리 허용된 이유는 구속

75　Edwards, "Miscellany no. 301," WJE 13:389.

76　Edwards, "Miscellany no. 1237," WJE 23:172.

처음 공부하는 조나단 에드워즈

사역을 위해서 만들어진 존재이기 때문이다. 하나님은 구속사역을 위해 오랫동안 특별한 일 없이 방치하는 것이 옳지 않다고 보았다.[77] 참으로 인간의 타락 이전에 있었던 하나님의 모든 사역은 구속사역을 위한 준비의 일부였다. 창조 자체가 그러했다. 세상의 창조는 구속사역 때문에 그리스도의 손에 맡겨졌다.[78] 에드워즈의 말을 직접 들어보자.

> 그리스도는 창조가 끝나자마자 세상에 대한 위임된 지배권을 가지고 있었다. 그리스도는 인간이 타락하기 전까지 중보자의 사역을 실제로 시작하지 않았다. … 위대한 구속 사건에서 그리스도의 사역을 위해 창조는 설계되었다. 중보 사역의 목적은 창조 목적이며, 모든 것이 태초부터 하나님의 섭리였다. 따라서 사도 바울이 에베소서 3장 9-10절에서 말한 것처럼, 심지어 창조가 그리스도의 손에 맡겨졌으며, 태초부터 세상의 통치는 그리스도의 손에 맡겨졌다.[79]

하나님은 완전한 선을 목적으로 세계를 창조했다.[80] 에드워즈는 17세기 신학자 튜레티니(François Turrettini, 1623-28)

---

77 Edwards, "Miscellany no. 702," WJE 18:307-08.

78 Edwards, "Miscellany no. 833," WJE 20:43.

79 Edwards, "Miscellany no. 833," WJE 20:43.

80 Jonathan Edwards, *Ethical Writings*, WJE 8:535.

와 마스트리히트(Petrus van Mastricht, 1630-1706)에 의지하여 실행의 순서에 있어서 첫 번째가 궁극적 목적에서 마지막이라고 설명한다.

> [논리적으로 본다면] 실행의 순서에 있어서 처음은 궁극적 목적에서 마지막이다. 두 번째 실행은 목적과 관련해서 끝에서 두 번째이다. … 그래서 사람은 하나님의 영광을 위해 창조되었다. 왜냐하면 하나님의 창조는 수단으로서 적절하기 때문이다. 그리고 인간에 관해 작정된 것 외에 모든 것은 하나님의 영광을 위해 의도된 것이다. 인간의 타락은 하나님 자신의 자비와 정당한 진노를 나타냄으로써 자신을 영화롭게 하는 방법으로 의도된 것이다. 왜냐하면 인간의 타락을 결정하는 것은 하나님의 목적에 부합하고, 타락 이후의 모든 것은 이후의 그 목적을 위한 것이기 때문이다. 그리스도가 오시는 것과 복음을 전하는 것 그리고 믿는 것은 그 점에서 구원과 영원한 복 보다 더 나중에 의도된 것이다. 유효한 부르심은 칭의(justification)보다 나중에 의도된 것이다.[81]

아담에게 약속된 보상과 복음의 은혜는 다르다. 에드워즈는 스가랴 4장 7절, "그가 머릿돌을 내놓을 때에 무리가 외치기

---

81 Edwards, "Miscellany no. 292," WJE 13:383-84.

를 은총, 은총이 그에게 있을지어다 하리라"를 근거로 **"영광스러운 은혜"**(Glorious Grace)를 설교한다. 만약 아담이 인내하며 순종했다면, 그는 언약의 보상을 받았을 것이다. 그러나 아담이 인내했다고 해서 행복을 얻을 가치가 있다는 의미는 아니다. 왜냐하면 하나님은 언약이 아니라면 아담에게 보상할 의무가 없기 때문이다.[82] 다시 말해, 아담에게 약속된 보상은 복음의 은혜와 같지 않다. 왜냐하면 아담은 자신이 행한 것 때문에 구원을 받기 때문이다(롬 11:6).[83]

에드워즈는 모형론을 사용하여 아담의 타락 사건에서 본격적인 그리스도의 구속사역을 출발한다. 언약의 머리로서 아담은 두 번째 아담인 그리스도의 모형(type)이다.[84] 성령은 아담에 생기를 불어넣은 것처럼, 처녀의 자궁에서 그리스도를 조성했다. 아담은 인류 중 첫번째로 창조되었는데, 그리스도는 모든 창조물보다 먼저 나신 분이다(골 1:15). 아담은 지구의 흙(dust)으로부터 형성된 최초의 사람이다. 그리스도는 무덤이나 흙에서부터 부활했으며, 죽은 자로부터 처음 났다. 아담의 **"뼈 중에 뼈요 살 중에 살"**인 하와는 아담이 깊은 잠을 잘 때, 아담의 심장 가까운 곳에서 나왔다. 교회는 그리스도가 죽음의 깊은 잠에 있

---

82 Jonathan Edwards, "Glorious Grace," WJE 10:391-92.

83 Edwards, "Glorious Grace," WJE 10:392.

84 Edwards, "Miscellany no. 702," WJE 18:309.

을 때 초월적인 사랑으로 나왔다. 아담은 인류의 자연적인 아버지인데, 그리스도는 새 창조에서 모든 것의 영적 아버지가 되신다. 아담은 행위 언약의 머리인데, 그리스도는 은혜 언약의 머리이다.[85]

(5) 더 읽어볼만한 책

Bogue, Carl William. Jonathan Edwards and the covenant of grace. Eugene, Or.: Wipf & Stock, 2008.

Edwards, Jonathan. Freedom of the Will. The Works of Jonathan Edwards Vol. 1. edited by Paul Ramsey. New Haven: Yale University Press, 1957.
(번역본) 『의지의 자유』 김찬역 역. 서울: 부흥과개혁사, 2016.

Edwards, Jonathan. Original Sin. The Works of Jonathan Edwards Vol. 3. edited by Clyde A. Holbrook. New Haven: Yale University Press, 1970.
(번역본) 『원죄론』 김찬역 역. 서울: 부흥과개혁사, 2016.

---

85 Edwards, "Miscellany no. 702," WJE 18:287.

처음 공부하는 조나단 에드워즈

Lee, Sang Hyun ed. The Princeton companion to Jonathan Edwards. Princeton, NJ: Princeton University Press, 2005.

(번역본) 『조나단 에드워즈의 신학: 프린스턴 조나단 에드워즈 입문서』 이용중 역. 서울: 부흥과개혁사, 2008. 9장(의지의 자유), 13장(모형론) 부분.

MacClymond, Michael and Gerald R. McDermott. (The) Theology of Jonathan Edwards. New York: Oxford University Press, 2012.

(번역본) 『(한 권으로 읽는) 조나단 에드워즈 신학』 임요한 역. 서울: 부흥과개혁사, 2015. 17장(성령), 18장(구원 계획에서의 천사), 22장(자유의지와 원죄) 부분.

5. 에드워즈의 구속

(1) 역사적 배경

에드워즈는 18세기 뉴잉글랜드에서 개혁주의 입장에서 구원론을 전개하였다. 그의 구원론을 이해하기 위해서는 먼저 그가 살았던 역사적 상황을 살펴볼 필요가 있다. 그는 노스햄턴 교회에서 목회하면서 1730년대와 1740년대 두 번의 영적 부흥을 이끌었다. 따라서 그의 구원론은 자신의 목회사역과 깊은 연관이 있다. 일례로 청교도들이 회심의 단계를 일목요연하게 이론적으로 정리했던 '준비론'과 '회심형태론'에 대해서는 자기 목회 경험을 토대로 문제를 제기하였다. 에드워즈는 자신과 교회 성도들의 회심 체험을 관찰하면서 획일적인 원칙의 적용보다는 그리스도인 개인마다 다양한 모습으로 나타나는 성령의 역사로 인해 회심의 단계를 각기 다르게 적용해야한다고 보았다. 성도들에게 나타난 성령의 풍성하신 사역을 직접 체험하며 이론적이던 청교도 회심론을 실천적으로 재고했던 것이다.

또한 『신앙감정론』(*Religious Affections*, 1746)에서 진술하고 있는 것처럼 구원의 실재(reality of salvation)로서 성도의 실생활을 구원의 열매로 강조했다. 이는 성화(sanctification)와 거룩한 삶(Holy Life)을 강조했던 청교도 전통에 에드워즈가 서 있음을 보여준다. 그에 따르면, 겉으로 보기에는 그리스도인처럼 보인다고 할지라도 믿음에 합당한 삶의 열매를 맺지 못하고 있는 사람이라면 참된 성도인지를 점검할 필요가 있다. 이는 역시 청교도 전통이었던 위선자(hypocrites)에 대한 자기 점검(self-examination)의 중요성을 확인해준다.

에드워즈의 구원론을 이해하기 위해서는 그가 마주했던 신학 논쟁들을 먼저 살펴볼 필요가 있다. 당시 개혁주의 구원론에 대한 심각한 도전으로는 율법폐기론(Anti-nomianism)과 알미니안주의(Arminianism)을 들 수 있다.

1) 율법폐기론(Anti-nomianism)

뉴잉글랜드에서는 1636년에서부터 1638년 사이에 율법폐기논쟁이 일어났는데 한 세기 뒤의 인물인 조나단 에드워즈 역시도 이 논쟁에서 자유로울 수 없었다. 율법폐기론자들은 새로운 시대인 성령 시대가 도래했기에 성도들은 더 이상 율법적이고 도덕적인 의무를 지킬 필요가 없다고 주장했다. 이들은 또한 성령의 직접 계시를 강조하여 성령이 함께하는 성도들은 성령의 사람이기에 구원에 대한 확신을 자동적으로 가지게 된다고 보았다. 심지어 참된 신자와 신앙의 위선자인 거짓 신자(hypocrites)를 구별할 수 있는 영적 분별의 능력도 가지게 된다고 하였다. 후에 에드워즈가 『신앙감정론』에서 한 사람이 구원받았는지에 대한 여부를 판단하는 것은 인간이 아닌 하나님의 영역임을 강조했던 이유가 이렇게 율법폐기론자들의 잘못된 주장 때문이었던 것이다.

　　뉴잉글랜드에서 율법폐기론의 시작은 청교도 존 코튼(John Cotton, 1584-1652)에게서부터 찾을 수 있다. 코튼은 구속하시는 하나님의 은혜를 강조하고자 구원 과정에서 어떤 도구나 매개 없이도 구원받기로 예정된 자들에게 성령이 직접 역사하실 수 있다고 주장했다. 따라서 성도에게 율법이나 도덕적 의무의 준수는 필요하지 않으며 성령이 구원받은 자들의 눈과 귀를 열도록 기다리는 것이 중요하기에 성도의 거룩한 생활과 성화는 구원받은 증거가 될 수 없다고 했다. 이를 통해 코튼은 하나님의 전적인 은혜를 강조하여 인간의 노력과 공로가 구원에 아무런 가치가 없음을 드러내고자 했던 것이다.

하지만 코튼의 주장은 자신의 열렬한 추종자들에 의해 왜곡되면서 문제가 되었다. 영국에서부터 코튼과 같은 교회를 섬긴 평신도 지도자인 앤 허친슨 부인(Anne Hutchinson, 1591-1643)과 동생 존 휠라이트(John Wheelwright, 1592-1679)는 자신들이 인도하는 성경공부 모임에서 매사추세츠 지역의 목회자들이 코튼을 제외하고는 공로와 행위의 언약(covenant of work)을 설교하고 있다고 하면서 당시 지역 목회자들을 노골적으로 비판하고 정죄하였다. 이런 주장이 지속적으로 확산되어 여러 지역에서 물의를 일으키면서 영적 권위에 도전하는 결과를 낳았다.

문제가 더욱 심각해지자 1637년 '허친슨 대회'(Synod of Hutchinson)로 불린 모임이 소집되었다. 24일간 진행된 이 대회에서 율법폐기론자들이 이의를 제기한 구원론에 대한 여러 신학적 의견들이 검토되었다. 문제의 발단이 되었던 코튼은 허친슨 부인이 자신의 가르침을 상당히 왜곡하여 교회를 혼란스럽게 한 잘못이 있다고 하며 그녀와 선을 그었다. 코튼은 구원 사역이 하나님의 전적 은혜임을 강조하고자 했던 자신의 의도를 허친슨 부인이 율법폐기론으로 오해했다고 비판했다. 더하여 허친슨은 이 대회에서 성령의 직접 계시를 통해 성경에서 그리스도(은혜)와 모세(율법)의 목소리를 구별해 들을 줄 아는 영적 능력이 자신에게 주어졌다고 주장하면서 문제가 더욱 심각해졌다. 결국 하나님의 뜻과 음성을 직접 구별해서 들을 수 있다는 허친슨 부인과 추종자들은 공식적으로 이단으로 정죄되어 추방되었으며, 성령은 객관적인 질서이자 수단인 교회의 성례나 성경 말씀을 통해서 역사하신다는 결론을 내리게 되었다.

허친슨 사건이 일어난 지 대략 100년이 지난 후, 에드워즈는 새로운 형태의 율법폐기논쟁에 참여하게 되었다. 그는 성령의 역사를 황홀경 또는 귀신들린 정도로 치부하고 지식이 모자라고 어리석은 사람들의 체험으로 비하하는 옛빛파(Old Lights)의 입장을 반대했다. 이 과정에서 그는 성령의 역사를 변호하는 새빛파(New Lights)의 입장에 서게 되었는데, 문제는 새빛파 중 일부가 허친슨 부인의 입장에 동조하며 성령의 직접계시를 주장하는 급진적 새빛파(Radical New Lights)였다는 점이다. 이로 인해 일부 사람들은 부흥의 역사를 지지하는 에드워즈 역시 율법폐기론자가 아니냐는 의구심을 가지게 되었다.

하지만 에드워즈는 개혁주의 신학자로서 성령의 역사를 강조하면서도 율법폐기론의 입장인 성령의 직접 계시를 부인하는 입장에 있었다. 또한 하나님 말씀에 대한 성령의 조명 사역을 주장하면서 성경 이외에 새로운 계시를 직접 성도에게 제공하지 않음을 분명히 했다. 성경의 신적 권위를 입증하는 성령의 내적 증거라는 개혁신학적 입장을 따랐던 것이다. 이어서 율법의 역할도 전면 부인하기보다는 율법은 인간이 구원받도록 진리를 밝혀주며 준비시켜주는 긍정적인 역할을 한다고 확인하였다.

율법폐기론의 영향으로 하나 더 생각해 볼 것은 참된 신자와 거짓 신자 사이 영적 구별의 문제이다. 율법폐기론 입장에 있는 급진적 새빛파는 그들이 성령의 도우심으로 인해 참된 신자를 구별할 수 있다고 생각했다. 즉, 성령이 임하시면 인간의 마음이 어떤 상태에 있는지를 구별할 수 있는 '마음의 조사자'(searcher of hearts)가 될 수 있다고 보았다. 그들에 따르면, 다른 사람들의 영적인 상태와 구원을 탐색하고 어느 정도 신앙이 되었는지를 진단할 수 있다. 하지만 이는 객관적인 기준이 결여된 주관적인 체험에 의존하게 된다. 이들은 자기 영혼의 내적 상태를 다른 사람에 대한 기준이나 모델로 삼아 주관적으로 구원의 여부를 판단했던 것이다.

이에 반대해 에드워즈는 『신앙감정론』에서 하나님께서는 거짓 신자들로부터 참된 신자를 구별할 수 있는 어떤 능력도 주지 않으셨음을 확인한다. 그 일은 하나님만 하실 수 있는 신적 영역이기에 인간의 영역이 절대 될 수 없다. 이 세상에서 어떤 사람이 참된 신자인지를 구별할 수 있다면 그것은 바로 성도의 실재적 삶이요 실천인 것이다. 여기서 우리는 에드워즈가 성도의 영적 상태의 열매로서 거룩한 삶인 성화를 중시했던 청교도적 전통을 신실하게 따르고 있음을 알 수 있다.

2) 알미니안주의(Arminianism)

알미니안주의는 네덜란드에서 시작되어 빠른 속도로 유럽 전체로 확산되어 마침내 대서양을 건너 신대륙인 뉴잉글랜드에도 상당한 영향력을 가지게 되었다. 개혁주의 입장에서 에드워즈는 알미니안주의를 가리켜, '커다란 소음'(great noise)이라고 지적하면서 성도들이 주의할 것을 목회자로서 경계했다. 당시 알미니안주의는 알미니우스를 추종하는 이들 뿐 아니라 개혁주의에 일치하지 않는 반칼빈주의 입장을 포괄적으로 모두 알미니안주의로 보았기에 당시 포괄적인 입장을 견지했던 영국 국교회도 청교도들에게는 알미니안주의로 간주되었다.

알미니안주의는 칭의(justification)가 하나님의 심판을 전제하는 법정적 선언적 성격을 지니며 칭의와 성화의 구별을 주장한다는 점에서는 개혁주의와 크게 다르지 않다. 문제가 되는 점은 알미니안들이 믿음으로 인한 순종이 성도가 의롭다고 인정받는 칭의의 근거가 될 수 있다는 주장이다. 따라서 그들은 인간 자신이 가진 어떤 공로나 의로움 없이 전적으로 외부적인 하나님의 은혜에 의해서만 칭의된다는 점을 부인한다. 즉 인간의 마음이나 내부에서 일어나는 어떤 변화, 즉 회심하여 믿음을

처음 공부하는 조나단 에드워즈

가지는 변화가 그 사람 안에 있기에 그것이 그 사람이 의롭다고 인정받는 근거가 된다. 한마디로 인간 안에 의롭다고 인정받는 선한 무엇이 있게 되는 것이다. 이처럼 알미니안들은 믿음이 전적으로 은혜의 선물이라는 개혁주의 입장을 거부하면서 믿음은 인간 자신의 것이며 구원을 위한 윤리적 공로(moral merit)가 될 수 있다고 보았다. 이와 함께 그들은 예수 그리스도의 죽음으로 인한 구속사역은 선택받은 자들을 위한 것이 아니라 모든 사람을 위한 것이라는 보편속죄론(universal redemption)과 하나님의 주시는 은혜를 인간이 거절할 수 있다(resistible grace)고 주장했다.

에드워즈는 알미니안주의의 위험성을 예일대 재학시절부터 인식하고 있었다. 그의 스승이던 잉크리즈 매더(Increase Mather, 1639-1723)와 같은 개혁주의자들에게 알미니안주의의 오류를 배우며 경계하게 되었기 때문이다. 그의 작품들에 자주 등장하는 알미니안 논적들은 토마스 첩(Thomas Chubb, 1679-1747), 다니엘 휘트비(Daniel Whitby, 1638-1726), 아이작 와츠(Isaac Watts, 1674-1748) 등을 들 수 있다.

(2) 구원의 시작: 하나님의 자기 충족성 (Divine Self-Sufficiency)

에드워즈는 구속이야기를 이를 행하시는 하나님으로부터 시작한다. 그는 하나님의 창조사역과 구속사역을 긴밀하게 연관시킨다. 그에 따르면, 하나님은 창조사역을 통해 **구속의 드라마**를 완성할 무대를 준비하신다. 즉 창조사역이 구속사역의 기초가 되며 자신이 창조한 세계에서 하나님은 구속의 드라마를 시작하고 완성하신다. 에드워즈에게 구속사역(Redemptive Work)이란 선하게 창조된 인간의 타락 이후 세상 끝날까지, 곧 최후의 심판까지 수행하시는 하나님의 역사인 것이다.

18세기 계몽주의 영향을 받은 에드워즈는 자연과학의 발전을 통해 이 세상이 자연법칙의 원인과 결과를 통해 운영된다는 사실을 인지하였다. 여기에 더하여 그는 '계몽주의 신학자'로서 앞으로 학문의 발전을 통해 인과법칙으로 움직이는 자연세계뿐 아니라 영적 세계까지도 일정한 법칙을 통한 인과관계와 합리적인 설명이 가능하리라 믿었다. 그래서 그는 "원자론"(Of Atoms)에서 우주의 모든 존재와 활동들은 과학자들이 주목하는 자연법칙을 넘어서 전능한 하나님의 무한한 능력과 무소부재하심이 작용한 결과라고 해석했다.[1] 이처럼 에드워즈는 전통적

---

1   Jonathan Edwards, "Of Atoms," WJE 6:214.

으로 신론에서 이해되는 하나님의 무한성과 무소부재성을 자연과학에서 말하는 물질세계에 창의적으로 적용했던 것이다.

우주의 모든 존재와 운동의 원인자를 궁극적으로 하나님으로 보았던 에드워즈는 자신의 독창적인 하나님 이해를 기반으로 구속이야기를 전개한다. 하나님의 구속사역을 설명하기 이전에 하나님이 어떤 분인지를 드러냄으로 구속사역을 위한 하나님의 존재론적 이해부터 시도하는 것이다. 이를 통해 에드워즈는 하나님이 행하시는 구속사역의 당위성을 확보한다. 하나님은 자기 충만(self-sufficiency)한 분이다. 하나님은 모든 가능한 선함과 완전함, 탁월성과 아름다움, 행복으로 가득 차 있다. 샘이나 근원(fountain)에서 물이 끊임없이 솟아나 다른 곳으로 흘러넘치는 것처럼 하나님의 충만함은 결코 그 분 안에만 머무르지 않는다. 하나님은 자기 충만함으로 자족하지 않으시고 이 충만한 신적인 것들을 다른 존재들에게도 함께 나누어주기를 기뻐하신다. 다른 존재들과의 소통과 나눔으로 하나님은 자신을 드러내면서 영광을 받으신다. 이런 맥락에서 에드워즈는 무한한 충만하심을 발산하려는 신적 성향이 동기가 되어 하나님이 천지를 창조했다고 주장한다.[2] 그에 따르면, 하나님은

---

2 Jonathan Edwards, "Concerning the End for which God Created the World," WJE 8:435.

소통하는 존재(Communicative Being)로 자기 안에 충만한 신적인 것들을 창조물과 나누고자 하는 성향을 가진다. 이렇게 세상과 소통하고자 하는 창조의 목적은 창조 이후에도 세상을 섭리하고 다스리는 하나님의 모든 사역과 긴밀하게 연결된다.

구속사역의 목적은 하나님의 영광(the glory of God)에 있다.[3] 구속사역의 목적이 하나님의 영광임을 확인한 에드워즈는 자신의 구속론에서 개혁주의적 입장을 드러내기를, 하나님의 주권(Sovereignty)으로 성취되는 구원이기에 그 분의 은혜 없이는 결코 어떤 방법으로도 구원 사건은 일어날 수 없다고 한다. 구원은 하나님이 시작하시며 전적으로 그분의 의지에 달려있는 것이지 알미니안들의 주장대로 인간에게 달려 있는 것이 아니다. 이런 그의 입장은 1731년 보스턴에서 행한 목요강연, "인간의 의존으로 영광 받으시는 하나님"(God Glorified in Man's Dependence, 1730)에 잘 드러나 있다.

> 오직 은혜(mere grace)로 그리스도의 유익이 특정한 사람에게 적용되는 것입니다. 부르심을 받고 성화된 사람들, 이들이 구별된 것은 이를 기뻐하는 하나님의 선하신 뜻 때문입니다. 하나님이 주권적으로 긍휼히 여길

---

3 Jonathan Edwards, "God Glorified in Man's Dependence," WJE 17:200.

처음 공부하는 조나단 에드워즈

자를 긍휼히 여기시며 마음을 강퍅하게 할 자를 강퍅하게 하십니다.[4]

(3) 구속사역

1) 삼위 하나님의 참여

에드워즈에게 구원 사역의 주체는 바로 하나님이다. 그는 특별히 구속사역을 삼위일체 하나님의 협동적 사역(cooperative work)으로 이해한다. "삼위일체론"(On the Trinity)에서 에드워즈는 하나님의 각 삼위가 인간의 구속사역에 어떻게 참여하시는지를 묘사한다.

> 이 사역[구속사역]에서 우리는 [삼위일체] 각 위에 동등하게 의존한다. 성부는 구원자를 임명하고 제공하시며 구속의 값을 받으신다. 성자는 자신을 내어줌으로 구속자이자 값이 되신다. 성령은 그 구입된 것들을 즉시 우리에게 전달하신다. 그래서 성령은 구입된 것이 되신다. 그리스도가 인간을 위해 구입한 총체는 성령이시다. … 우리는 믿음으로 성령의 약속을 받을 수 있다.[5]

---

4 Edwards, "God Glorified in Man's Dependence," WJE 17:204.

5 Jonathan Edwards, "Discourse on the Trinity," WJE 21:136.

에드워즈는 기독교 전통적 입장에서 하나님의 구속사역을 값을 지불하는 행위로 인식한다. 구속의 과정에서 각 위는 각기 역할들을 감당한다. 성부는 구속사역을 계획하고 시작하시며, 성자는 성도들을 위해 십자가에서 구속의 값을 직접 지불하신다. 성령은 구속의 값이 지불된 축복의 총체 즉, 구속의 열매 자체가 되신다.[6] 구속의 과정에서 각 위들은 구속사역 가운데 서로 의존하면서 자신의 역할들을 감당하신다.

에드워즈는 또한 구속사역에서 각 위에 맡겨진 사역이 다르다고 해서 각 위가 지닌 평등성이 깨지지는 않는다고 한다. 삼위일체 안에서 성부께서 성자와 성령에게 각 사역을 영원 전부터 협의와 동의를 통해 일하시기 때문이다. 따라서 구원의 각 단계인 회심과 중생, 칭의, 성화는 본질적으로 하나님께서 자신의 창조와 성육신, 세상의 완성을 결정하신 천상의 회의를 통해 이루어진다.

구속사역에서 하나님은 자신의 아름다움과 초월성을 성도들에게 드러내신다. 삼위일체 내에서 삼위간의 관계를 사랑으로 묶어주던 신적 매개체로서의 성령의 역할은 인간의 구속사역에서도 매개체 역할을 하신다. 즉 성령이 "연합의 띠(bond of union)"가 되어 삼위일체 하나님의 각 위와 인간들을 서로

---

6 Jonathan Edwards, "Miscellany no. 402," WJE 13:466-67.

처음 공부하는 조나단 에드워즈

사랑으로 묶어주신다. 이처럼 에드워즈는 인간 구원의 전 과정을 삼위일체 교리와 연계해 성공적으로 설명하고 있다.

2) 그리스도의 구속사역

그리스도만이 유일하고 완전한 구속자가 되신다. 구속은 택함 받은 자들을 위해 그리스도께서 직접 제물이 되어서 값을 지불하는 사역이다. 모든 인간은 아담의 타락 이후 하나님의 공의에 빚을 진 상태이다. 그리스도는 대속 제물로 죄의 대가를 지불하고 하나님을 만족시킨다. 성자는 원래 정결하고 성부의 사랑을 무한히 받는 분이시기에 형벌을 받아야할 필요는 없다. 하지만 그리스도는 성육신을 통해 신인(God-man)으로서 하나님과 인간 사이에 완전한 중보자가 되어 인간의 죄와 잘못에 대한 대가를 지불하신다. 이 과정에서 에드워즈는 그리스도가 당한 고통을 두 가지 차원으로 표현한다. 먼저 육체적 고통으로 그리스도는 극심한 고통가운데 죽임을 당했으며, 다음은 영적인 고통으로 아버지 하나님으로부터 버림과 소외를 당하는 고통이다.[7]

---

7 Jonathan Edwards, "The Sacrifice of Christ Acceptable," WJE 14:452.

에드워즈는 그리스도의 구속사역을 묘사하면서 그 분이 지닌 탁월성(excellency)과 겸손(humility), 양면의 모습을 조화롭게 언급한다. 이를 위해 그리스도를 사자와 양의 상징으로 묘사하는데, 양은 하늘의 권세를 내려놓고 인간의 몸을 입으시고 이 땅에 오셔서 겸손하게 죄를 대속하는 순종적인 그리스도의 모습을 나타내는 반면, 사자는 인간의 몸을 입으셨지만 무죄한 상태로 잉태되고 출생하여 하나님 아들의 권세로 구속을 성취하고 구원받은 성도들을 자신의 능력으로 보호하시는 그리스도의 다른 모습을 드러낸다. 그리스도는 무한한 인격(infinite person)의 소유자이기에 모든 인간의 죄를 자기 몫으로 담당하실 수 있다.[8]

인간의 죄를 대속하고자 친히 제물이 된 그리스도는 십자가에서 고통과 죽임을 당하셨다. 에드워즈는 그리스도의 십자가 고통을 이와 같이 묘사한다. 하나님은 그리스도께 죄에 대한 심판의 화살을 모두 던지셨다. 이로 인해 그리스도는 피를 흘리며, 십자가에서 부르짖으며, 심장이 터지며 속에 있는 혈관이 파괴되었다. 더욱이 그를 괴롭힌 것은 하나님이 그리스도를 버리면서 자신의 임재를 거두신 것이다. 이 과정에서 구약에서 요구하는 율법의 요구를 완벽하게 만족시키고 하나님은 심판을

---

8   Jonathan Edwards, "Life Through Christ Alone," WJE 10:524.

처음 공부하는 조나단 에드워즈

통해 자신의 공의를 성취하신다. 결국 사탄이 그리스도의 발꿈치를 상하게 할 때 그리스도는 사탄의 머리를 박살낸다. 이것이 바로 십자가의 역설이다. 그리스도가 사탄과 싸우며 가장 완벽한 승리를 얻은 무기는 십자가요, 사탄이 그리스도를 완전히 쓰러뜨리며, 치욕스런 멸망을 주었다고 생각했던 바로 그 도구요, 무기였다. 즉 최후의 고난 속에서 예수 그리스도는 사탄의 왕국의 기초를 완전히 부숴 버리셨던 것이다. 이런 그리스도의 승리에 기초하여 복음이 전파되어 하나님 나라가 도래하게 된다.

그리스도는 이제 구속사역의 마지막 단계로 성령을 보내서서 성도들 안에 내주하게 하신다.[9] 결국 성령이 구속의 대가로 지불한 축복의 총체가 되는 것이다. 성령은 삼위일체 하나님 안에서 성부와 성자를 사랑으로 연결했던 것처럼 하나님과 연합(union with God)을 이루는 역할을 통해 인간이 하나님 나라의 구성원이 되게 한다.

---

9 Edwards, "Life Through Christ Alone," WJE 10:525.

(4) 성령의 구속사역[10]

에드워즈는 그리스도의 구속사역과 함께 구속의 총체이자 인간이 지닌 성향(disposition 또는 habit)의 주체로서 성령의 역할을 자신의 구속론에서 비중 있게 다룬다. 그는 하나님과 인간을 성향을 지닌 존재로 이해하면서 인간의 타락과 구속의 역사를 성령의 역사를 중심으로 한 성향의 변화를 통해 설명하고자 했다. 그의 구원론에서 초점을 맞추는 것은 중생 이후 인간 내에서 선한 성향으로 구원의 완성을 위해 신적 주체가 되는 성령 하나님과 그 분의 활동인 것이다.

만약 우리가 구속사역에서 일하시는 성령에 대해 성부나 성자에 비해 관심이 부족하다면 이는 우리가 성령에게 돌려야할 영광이 성부나 성자와 동등하지 않은 것이다. (성부와 성자의 사역에 의존하여) 구입된 것으로 성령의 축복을 단지 우리에게 적용되는 것으로만 이해한다면 그리스도의 희생으로 무한한 값을 지불하신 성부에게 이 성령의 역사는 매우 보잘 것 없는 것이 되고 만다. 이 성령의 역사는 우리에게 성자가 구입하신 복

---

10 이 부분은 조현진의 "조나단 에드워즈의 성향적 구원론 연구"(「한국개혁신학」 30권, 2011)를 기반으로 일부 내용을 수정 보완하였음을 밝힙니다.

처음 공부하는 조나단 에드워즈

들의 총체를 제공하시기 때문이다.[11]

이 부분에서 에드워즈는 전통적으로 성자의 구속사역의
결과와 열매를 성도에게 주관적으로 적용하는 분으로만 성령
의 사역을 소홀히 대해왔음을 지적한다. 이제 그는 성령이 성도
에게 구속사역의 주체가 되시며 성도와 심지어 하나님도 얻게
되는 축복의 총체임을 확인한다.

> 그리스도께서 자신의 고난과 구속사역을 통해 우리에
> 게 주시고자 했던 복들의 총체는 바로 성령 하나님이셨
> 다. … 성령은 그리스도의 희생으로 얻어진 위대한 복
> 이며 모든 구원받은 백성에게 주어진 것이다. 성령은
> 그 분의 내주와 감화와 열매에 있어 그리스도가 이 세
> 상의 사람들을 위하여 값을 치르고 사신 **모든 영적인**
> **복의 총체이며 모든 은혜와 거룩과 위로와 기쁨의 총**
> **체**이다. 또한 성령은 내세에 있을 사람들을 위하여 그
> 리스도께서 값 주고 사신 완전함과 영광과 영원한 희락
> 의 총체가 되신다. 성령은 영원한 구속 언약과 은혜 언
> 약이 제공되는 모든 약속의 중심 주제가 될 정도로 위
> 대한 은혜이다. 또한 성령은 구약에 약속되고 예언된
> 대로 메시아의 왕국이 가져올 복들을 모두 포용할 수

---

11   Edwards, "Discourses on the Trinity," WJE 21:137.

있는 거대한 주체이다.[12]

위에서 반복해서 강조하는 것처럼, 에드워즈는 성령 하나님의 역할과 사역에 초점을 맞추어 자신의 구원론을 전개한다. 이제 성령의 사역을 각 구원의 단계에서 어떻게 설명하고 있는지를 살펴보도록 하자.

1) 중생(Regeneration)

에드워즈에게 중생은 성령의 주입(infusion)과 내주(indwelling)를 통해 아담 이후 타락했던 인간 성향의 변화를 의미한다. 중생은 하나님 자신의 은혜를 인간에게 주입하시는 사역이다.[13] 여기서 인간을 구원하시는 신적 은혜는 바로 성령 하나님이다. 이를 인간의 타락과 관련해서 생각해보면, 성령은 창조 때 인간과 함께 하셨지만 아담의 타락으로 인해 죄인에게서 떠나야만 했다. 중생으로 성령은 이제 인간에게 복귀하시는데, 이를 에드워즈는 주입으로 묘사한다.

에드워즈는 중생이란 개념과 함께 유효적 소명, 회심, 회

---

12 Jonathan Edwards, *Apocalyptic Writings*, WJE 5:341.
13 Jonathan Edwards, *Religious Affections*, WJE 2:308.

처음 공부하는 조나단 에드워즈

개 등이 비슷한 영적 상태를 가리키는 용어로 사용한다.

> 나는 회개(repentance)와 회심(conversion)을 같은 말
> 로 본다. 왜냐하면 성경[행3:19]이 그것들을 함께 보기
> 때문이다. 회개는 마음의 변화를 의미한다. 마찬가지
> 로 회심이란 말도 죄로부터 하나님께로의 변화 혹은 전
> 향을 의미한다. 그리고 이것은 중생이라고 부르는 것과
> 같은 변화이다.(중생이란 특별히 마음의 수동적인 측
> 면에서 본 변화이다.)[14]

에드워즈는 하나님을 향한 방향전환이라는 측면에서 소
명(calling), 회개(repentance), 회심(conversion)을 중생과 동일
한 것으로 본다. "회심에서 일어나는 가장 중요한 변화는 - 이것
은 모든 것의 시작이요 기초이다 - 마음의 기질과 성향과 영의
변화이다. 왜냐하면 회심에서 일어나는 것은 성령 하나님을 수
여하는 것 외에 다른 것이 아니기 때문이다."[15] 결국 에드워즈가
중생에서 말하고 싶은 것은 성령의 주입으로 인한 신적 성향의
변화로 인해 이루어지는 하나님을 향한 방향 전환이다. 중생 이
전에는 인간이 가진 타락한 성향과 그로 인해 나타나는 행동들
이 하나님의 뜻이나 영광과는 상관없는 방향으로 향하였고 그

---

14 Jonathan Edwards, *Original Sin*, WJE 3:362.

15 Jonathan Edwards, "Miscellany no. 397," WJE 13:462.

결과 악한 행동으로 나타나지만, 중생으로 인해 성령이 그 마음에 내주하게 되면 하나님이 원하시는 삶의 방향 전환이 이루어지는 것이다.

에드워즈의 구원론에서 성령 하나님은 중생을 통해 새로운 신적 성향의 창조자로서 타락한 인간에게 역사한다. "성령은 영혼 속에 내주하면서 생명과 행동의 원리가 되신다. 이것이 새로운 본성(new nature)이요, 신적 본성(divine nature)인 것이다."[16] 이에 더하여 새로운 성향으로서 성령이 성도의 영혼 안에서 "생명력 있는 원리"(vital principle)가 된다.

2) 칭의(Justification)

에드워즈는 칭의를 "하나님에게서 용서와 영생을 위한 권리를 승인받는 것"[17]이라고 정의하면서 하늘 법정에서 자기 백성들을 의롭다고 선포하시는 하나님의 심판을 전제한다. 개혁주의 칭의론이 지닌 법정적 선언적 성격과 함께 인간의 공로나 내재적 의가 아닌 외부적인 그리스도의 의의 전가 개념이 잘 드러난다.

---

16 Edwards, "Miscellany no. 397," WJE 13:462.

17 Jonathan Edwards, "Justification by Faith Alone," WJE 19:154.

처음 공부하는 조나단 에드워즈

에드워즈는 칭의에서 실재적인 근거를 성령 하나님으로 드러내고자 한다. 즉 그는 주장하기를, "그리스도와 그의 백성 간의 연합에서 실재적인 것이 법정적인 [선언]의 기초가 된다"[18]고 한다. 여기에서 강조되는 내용은 하나님의 법정에서 의롭다고 인정받는 자들이 소유하는 실재적인 어떤 것이 있어야 한다는 것이다. 이는 에드워즈가 개혁주의 전통에서 벗어나 있다는 의구심을 가지게 만든다. 에드워즈가 언급하는 실재적인 것은 과연 무엇인가? 인간의 공로나 내재적인 의를 가리키는가? 왜 법정적인 칭의에서 실재적인 것을 주장하는가?

에드워즈가 말하는 실재적인 것이란 바로 인간 안에 내주하며 새로운 본성이자 성향이 되는 성령 하나님을 가리키는 것이다. 이는 로마가톨릭이 주장하는 인간 자신의 내재적 의로움이나 공로가 결코 아니다. 에드워즈는 개혁주의적 입장에서 그리스도의 외적인 의와 전가를 누구보다 강조하기 때문이다. 또한 그는 인간의 전적 타락을 확인하면서, "하나님이 보실 때 우리들은 무한히 악하고 혐오스러운 창조물이다. … 우리의 모든 의는 아무 것도 아니며 오히려 수천 배 그 이상 악한 존재"[19]임을 확인한다. 이처럼 에드워즈에게는 선한 성향은 로마가톨릭이

---

18 Edwards, "Justification by Faith Alone," WJE 19:181.

19 Edwards, "Justification by Faith Alone," WJE 19:241.

주장하는 인간의 내재적 의로움이나 공로가 아니라 성령 하나님의 초자연적이며 외부적이며 이질적인 은혜를 가리키는 것이다.

이처럼 성령이 구원의 매개체가 되어 성도의 믿음으로 그리스도와 연합을 이룬다. "하나님이 볼 때 인간의 어떤 공로나 하나님의 자녀로 받아들여지는 어떤 것도 그리스도와 그의 의를 떠나서는 생각할 수 없다."[20] 따라서 칭의의 실재적인 기초가 되는 것은 성령의 역사로 맺어지는 그리스도와의 연합(union with Christ)이다. 성도는 믿음을 통해 그리스도와 연합한다. 믿음은 성도가 그리스도를 우리의 영혼이나 마음으로 전적으로 받아들이거나 연합하는 행동이다. 즉 믿음은 그리스도와의 연합을 이루는 도구적 역할을 한다. 이처럼 에드워즈는 성령의 역사와 믿음으로 인한 성도와 그리스도의 연합이 성도가 하나님의 자녀로 인정받는 실재적인 근거가 됨을 주장하고 있다.

개혁주의 전통에서 에드워즈는 이중 은혜로서 칭의와 성화를 구별된 개념으로 보면서도 밀접한 관계에 있음을 확인한다. 그는 성화와 관련해서 칭의의 이중적 성격을 설명하는데, 칭의의 구성요소로 죄의 제거와 성화된 삶의 상속을 언급한

---

20 Edwards, "Justification by Faith Alone," WJE 19:189.

처음 공부하는 조나단 에드워즈

다.[21] 여기서 에드워즈는 칭의를 통해 얻는 두 가지 의로움을 말하고 있는데, 첫 번째 의는 우리의 신분과 관련된 의로 인간이 더 이상 죄인이 아닌 하나님의 자녀가 되는 의로움이며, 두 번째 의는 우리의 상급과 관련된 것으로 삶을 통해 맺게 되는 성령의 열매를 말한다. 이런 점들에서 그의 칭의론은 신분의 문제에만 집중하지 않고 성령의 역사로 인한 성향의 변화와 그 삶의 열매로 성취하는 성화의 문제와 깊이 연관되어 있음을 확인하게 된다.

3) 성화(Sanctification)

성화는 성령의 주입으로 신적 성향을 지닌 성도의 중생 이후의 이 땅의 삶을 가리킨다. 에드워즈는 빌립보서 1장 6절을 근거로 성화는 은혜의 주입으로 시작해서 죽음으로 마쳐지는 것이라고 한다. 또한 "중생은 성령 하나님의 사역이다. 성령의 역사로 인해 인간의 영혼이 하나님을 배신함으로 타락했던 죄의 상태에서 상실했던 하나님의 형상을 회복하는 타락 이전 거룩함의 상태로 회복된다. 이것은 성령의 성화 사역을 통해 점차

---

21 Jonathan Edwards, "The Subjects of a First Work of Grace May Need a New Conversion," WJE 22:190.

완성된다."[22] 중생으로 인한 성령의 역사는 일종의 신적 성향으로 인간에게 작용하여 거룩한 삶을 살게 하는 원천이 되는 것이다.

에드워즈는 성화에서도 성도가 살아내는 삶의 내용으로 당대 철학적이고 형이상학적인 용어인 참된 미덕(true virtue)을 사용하였다. 그에게 참된 미덕의 유일한 원리가 되는 존재가 성령 하나님이다. 참된 미덕은 성령의 내주하심으로 중생을 체험한 그리스도인이 가지게 된다. 이 외에도 에드워즈가 자주 사용하는 "탁월하심"(excellency)이나 "아름다움"(beauty)이라는 용어도 모두 이렇게 에드워즈가 자신의 개혁신학을 당대 계몽주의 영향 아래에서 신학적 개념을 철학적으로 풀어 사용한 것으로 거룩한 삶을 추구하는 성화와 관련해서 사용한 표현들이다. 앞에서도 언급한 것처럼, 에드워즈는 성화를 칭의와 함께 이중 은혜로 본다. 비록 두 은혜가 분리될 수는 없지만 구별은 되어야 한다고 하는 개혁주의 입장을 견지한다. 그리고 이 성화는 궁극적으로 하늘나라에서 이루어지는 영화의 단계에서 완성되는 것이다.

---

22 Edwards, "Miscellany no. 847," WJE 20:71.

처음 공부하는 조나단 에드워즈

4) 영화(Glorification)

영화는 구속사역에 있어서 마지막 단계이다. 성도가 아무리 거룩하게 살려고 해도 이 땅에서 성도의 삶은 불완전하기 마련이다. 그러기에 성화로서는 거룩하고 성결한 삶이 완성되지 못한다. 이를 "불완전 성화"(imperfect sanctification)라고 한다. 개혁주의에서 강조하는 인간의 전적 부패로 인해 어떤 누구도 성도 속에 남아 있는 죄와 부패의 흔적들을 온전히 버릴 수 없기 때문이다. 그러므로 하나님의 구속사역이 하나님의 영광 중에 거하게 되는 영화의 단계에서 완성된다.

영화는 크게 두 가지로 생각할 수 있다. 먼저는 성도가 개인적인 죽음 이후 이 세상을 떠나 천상에 가는 것이고, 다른 하나는 주님이 재림하시는 날에 이루어지는 몸의 부활에 참여하는 것이다. 먼저는 개인적 차원의 영화로서 성도의 죽음 이후 하늘나라에서 쉬고 있는 것만이 아니라 계속적으로 사역을 감당하며 하나님을 지속적으로 섬기게 된다. 그리고 하늘나라에서 성도들의 행복은 증가하며 이런 행복은 하나님과의 연합과 교제를 통해 완성된다. 두 번째는 우주적 차원의 영화를 말하는데, 성도의 영화가 완성되는 것은 주님께서 성부의 영광으로 하늘 구름을 타고 거룩한 모든 천사와 함께 강림하시는 날에 이루어진다. 악인들의 몸은 죽지 않고 영원한 고통을 받기에 합당한 몸으로 바뀌게 되지만, 성도들의 몸은 그리스도의 영광스러운 몸과 같이 바뀌게 된다. 이어서 그리스도의 재림의 날에 또한 하나님의 심판이 있게 되는데, 사탄과 악인들은 심판석 앞에 서겠지만 성도들은 공중에서 주님을 영접하고자 구름 속으로 끌려 올려가게 될 것이다. 그리고 그들은 하늘에서 그리스도와 성부 하나님과 성도들이 한 사회, 한 가족을 이루어 살면서 교회가 복되신 삼위일체 하나님의 사회 안으로 받아들여지게 된다고 생각한다. 이처럼 에드워즈는 성도의 행복을 삼위일체 하나님의 공동체적 삶에 참여하는 것으로 이해하고 있다.

(5) 더 읽어볼만한 책

에드워즈의 구원론에 대해서는 다음의 책들이 도움이 될 것이다.

이상웅. 『조나단 에드워즈의 성령론』. 서울: 부흥과개혁사, 2009.

정부홍 편역. 『이신칭의』 서울: 그리심, 2019.

Lee, Sang Hyun ed. *The Princeton companion to Jonathan*

처음 공부하는 조나단 에드워즈

Edwards. Princeton, NJ: Princeton University Press, 2005.

(번역본)『조나단 에드워즈의 신학: 프린스턴 조나단 에드워즈 입문서』 이용중 역. 서울: 부흥과개혁사, 2008. 10장(은혜와 이신칭의) 부분.

MacClymond, Michael and Gerald R. McDermott. *(The) Theology of Jonathan Edwards*. New York: Oxford University Press, 2012.

(번역본)『(한 권으로 읽는) 조나단 에드워즈 신학』 임요한 역. 서울: 부흥과개혁사, 2015. 23장(구원, 은혜, 믿음: 개관)에서부터 26장("신성화"라는 주제) 부분.

6. 에드워즈의
밀레니엄과 천국

우리는 이제까지 창조 타락 구속의 순서로 에드워즈의 사상을 살펴보았다. 이제 이 세상의 마지막 때인 밀레니엄과 천국에 대한 그의 생각들을 고찰해보자.

(1) 밀레니엄 사상[1]

에드워즈의 밀레니엄 사상은 영적 부흥운동과 깊은 연

---

1 이 장은 조현진의 "계몽주의 유토피아 사상의 18세기 청교도적 수용"(「ACTS」 38권, 2018)을 기반으로 일부 내용을 수정 보완하였음을 밝힙니다.

관이 있다. 18세기 계몽주의 운동의 영향을 받은 그는 긍정적인 종말론을 가지고 앞으로 다가올 밀레니엄을 계몽주의자들과 달리 영적 부흥을 내포한 **교회의 황금시대**로 보고 역사의 절정으로 인식했다. 즉 역사의 발전 과정에서 성령의 역사로 인한 영적 부흥운동을 밀레니엄이 시작되는 전조로 보았던 것이다.

1) 역사적 배경: 청교도 밀레니엄 사상

에드워즈의 밀레니엄 사상은 영국 청교도들에게서 상당한 영향을 받았기에 그들이 어떤 사상을 가지고 있었는지를 먼저 살펴볼 필요가 있다. 청교도들은 밀레니엄에 대해 다양한 견해를 가지고 있었지만, 당대 주요 사건들이 하나님의 주권적인 섭리 가운데 발생하는 마지막 때의 일이라는 종말론적 인식에는 거의 모두가 동의하고 있었다. 특별히 16세기말부터 청교도들은 낙관적인 종말론을 소유하게 되는데 그 배경은 무엇보다 종교개혁(Reformation)을 들 수 있다. 그들은 일반적으로 교황과 로마가톨릭을 적그리스도로 보았기에 하나님이 종교개혁으로 기독교의 본질을 회복하고 최후의 승리를 주시리라는 확신을 가지고 있었다. 또한 이어지는 계몽주의운동과 과학의 발전은 인류의 미래를 더욱 낙관적으로 기대하도록 하면서 포스트밀레니엄 사상이 종말론의 대세가 되었다.

영국에서 일어난 일련의 사건들은 포스트 밀레니엄사상을 더욱 강화하는 계기가 되었다. 1588년 영국 해군이 로마가톨릭 세력을 대표하는 스페인의 무적함대를 격파하자 청교도들은 적그리스도에 대한 최후 승리의 전조로 해석했다. 이어 1640년대 일어난 청교도혁명으로 청교도들이 직접 국가를 다스리게 되면서 일부 청교도들은 올리버 크롬웰(Oliver Cromwell, 1599-1658)이 이끄는 영국 군대가 교황을 몰아내고 기독교 국가들을 위협하던 이슬람 세력까지 격파하리라는 기대까지 하게 되었다.[2] 이처럼 17세기는 영국 청교도들에게 **종말론적 열광의 시기**였다. 당시 존 내피어(John Napier, 1550-1617), 토마스 브라이트맨(Thomas Brightman, 1562-1607), 조셉 메데(Joseph Mede, 1586-1639)와 같은 청교도들이 밀레니엄에 대한 생각들을 적극적으로 확산시켰으며 더 나아가 토마스 굿윈(Thomas Goodwin, 1600-80), 존 오웬(John Owen, 1616-83), 모제스 로만(Moses Lowman, 1680-1752) 등이 포스트 밀레니엄 사상을 가지고 있었다.

대서양을 넘어 미국으로 건너간 청교도들은 17세기 영국의 밀레니엄 사상을 신대륙의 새로운 환경에 적용하여 더욱 발

---

2 Richard Kyle, 『역사속의 종말인식』, 박응규 역 (서울: 기독교 문서선교회, 2007), 95.

처음 공부하는 조나단 에드워즈

전시켰다. 그들에게 유럽 대륙은 구세계(Old World)로 종교 개혁에도 불구하고 참된 기독교 신앙을 회복하지 못하고 실패한 지역으로 인식된 반면, 새로이 정착한 신대륙의 뉴잉글랜드(New England)는 하나님이 선택하신 자들을 위한 신세계(New World)로 기독교신앙의 회복과 부흥을 성취할 약속의 땅으로 기대되었다. 이런 기대 속에 청교도들은 암흑으로 가득 찬 이 세상에 빛을 비추고 소망이 되는 **언덕위의 도시**(City Upon a Hill)를 신세계에 건설할 사명을 가지고 있다고 생각했다. 일례로 코튼(John Cotton, 1584-1652)은 뉴잉글랜드를 밀레니엄이 성취될 장소로 지목하면서 구체적으로 1655년경 복음의 확산을 통해 밀레니엄이 뉴잉글랜드에서 시작되며 유대인들의 대규모 회심과 함께 영적 부흥이 일어날 것이라고 주장했다. 사실 이런 입장은 조나단 에드워즈에게도 영향을 미쳐 그역시 당시 변방지역이던 아메리카가 미래에는 복음전파의 중심지가 되리라는 종말론적 소망을 가지고 있었다.

2) 에드워즈의 밀레니엄 사상

에드워즈는 종말론에 대한 청교도 전통을 계승하여 개혁신학의 토대 위에서 포스트 밀레니엄 사상을 발전시켰다. 비록 존 칼빈(John Calvin, 1509-64)은 종교개혁 당시 급진적 종말운

동의 문제로 인해 밀레니엄에 대해 부정적 입장을 취했지만, 에드워즈는 계몽주의운동과 신대륙에 대한 기대 등으로 밀레니엄을 상당히 긍정적으로 이해했다.

① 계몽주의와 밀레니엄

에드워즈는 18세기 계몽주의 신학자라는 별칭답게 자신의 포스트 밀레니엄 사상에서 계몽주의의 유토피아 사상과 일정 부분을 공유하였다. 일례로 그는 밀레니엄을 묘사하면서 이를 나타내는 상징적인 사건으로 '계몽'(Enlightenment)이란 개념을 자주 사용한다. 에드워즈는 신학묵상일기(Miscellanies)에서 밀레니엄을 묘사하면서 "빛이 이 지상 세계 모두를 비출 것이다. 이 세상 여러 지역들이 계몽될 것이다. 그때에는 가장 야만적인 국가들이 영국처럼 명석하고 예의바르게 변할 것"[3]이라고 한다. 영국을 계몽된 국가로 보고 밀레니엄을 기본적으로 계몽주의가 이상향으로 추구하던 유토피아가 제시하는 학문과 지식의 발전을 통해 역사의 발전과 평화가 도래하는 시기로 보았다. 이점에서 에드워즈의 밀레니엄 사상은 그리스도의 천년 통치가 이 땅에 실현되는 급진적 변화보다는 인간 지식과 문명

---

3   Jonathan Edwards, "Miscellany no. 26," WJE 13:212.

처음 공부하는 조나단 에드워즈

의 발달로 인한 점진적 성취에 초점을 맞추고 있음을 확인하게
된다.

에드워즈는 문명의 진보와 인류의 발전이라는 계몽주의
사고를 기독교 입장에서 자신의 밀레니엄 사상에 적극적으로
수용하였다. "최근에는 학문이 크게 발전하고 있습니다. … 여
러 학자들이 학문을 바람직한 방향으로 발전시킨 것은 아니지
만 학문의 발전 자체가 좋은 것이기에 그 자체로 기쁜 일입니
다."[4] 비록 자연주의 또는 인본주의의 방향으로 진행되는 계몽
주의가 주도하는 학문의 발전에 신본주의를 지닌 목회자로서
전적인 동의를 할 수는 없었지만, 언젠가는 복음의 역사가 계몽
주의를 통해 확대되어 밀레니엄이 현실이 될 것이라는 기대를
가졌던 것이다.

에드워즈는 계몽주의자들이 역사의 발전을 주장하며 단
계별로 구별했던 것처럼 그 역시 인류의 역사를 일곱 시기로 구
별한다. 그는 하나님이 구속사역을 성취하시는 구속사(History
of the Work of Redemption)로 역사를 해석하면서, (1) 오순절
에서 시작된 사역, (2) 예루살렘의 멸망, (3) 콘스탄틴 시대의 이
방제국 멸망, (4) 종교개혁, (5) 적그리스도의 멸망, (6) 유대교,

---

4 Jonathan Edwards, *A History of the Work of Redemption*, WJE 9:439-
   40.

이슬람교, 전 세계적인 우상숭배의 멸망, (7) 세상 끝의 완성으로 구분하고 있다. 에드워즈가 언급하고 있는 역사의 각 시대는 기독교 진리에 의한 승리로 마감되고 새로운 시대를 맞으면서 역사의 발전을 이루게 된다. 그의 포스트 밀레니엄 사상은 비록 내용적으로는 계몽주의자들이 추구하는 이상사회인 유토피아와 다른 하나님 나라가 중심이 되지만 형태상으로는 계몽주의 유토피아 사상과 상당히 일치하고 있음을 발견할 수 있다. 차이가 있다면 계몽주의자들이 이성으로 인한 인간의 계몽을 통해 역사가 발전된다고 본 반면, 에드워즈는 이를 일부 수용하면서도 궁극적으로는 복음 전파와 하나님에 대한 지식의 증가로 역사가 발전하리라는 기독교적 입장을 유지한다는 점이다.

계몽주의의 어원이 되기도 하는 무지하여 흑암에 갇힌 많은 사람들에게 진리의 빛을 비추어 계몽한다는 생각이 에드워즈에게도 그대로 등장하고 있다.

[밀레니엄은] 큰 빛과 지식의 시기가 될 것입니다. 현재는 그 시기와 비교하면 어둠의 날입니다. 그 영광스러운 시간의 빛은 너무 위대해서 밤 없이 낮만 있어서 심지어 저녁이나 어둠조차 없을 것입니다. … 모든 지역에 큰 지식이 보급될 것입니다. 많은 흑인들과 인디언들이 신학자가 되어 뛰어난 책들을 아프리카와 에티

처음 공부하는 조나단 에드워즈

오피아, 터키에서 출판할 것입니다.[5]

에드워즈는 계몽주의가 주장하는 학문과 지식의 전파를 통한 무지한 세상의 계몽을 기독교적 입장으로 해석하면서, 영적으로 복음과 신학이 계몽된 유럽을 벗어나 대서양 너머에 있는 아메리카 대륙 뿐 아니라 당시 가장 후진적이고 미개하다는 생각에서 차별받는 아프리카까지 전파되어 뛰어난 능력을 소유한 흑인과 인디언 신학자들이 나오리라 기대하고 있다. 즉 계몽주의자들의 보편적 가치였던 이성과 진리의 전파로 계몽된 유토피아 건설에 대한 이해를 에드워즈는 복음의 진리 전파로 바꾸어 영적 지식이 확산된 밀레니엄으로 해석하고 있음을 확인할 수 있다.

이처럼 에드워즈는 인간이 합리적 존재이며 이성이 얼마나 중요한지를 인식하는 계몽주의 인간관을 공유하면서도 기독교 입장에서 이성의 한계를 함께 지적한다. 그에게 이성은 매우 유용하지만 진리의 기준이 되기에는 부족하다. 따라서 마지막 때는 모든 면에서 과학과 이성을 압도하는 기독교 신앙이 참된 진리로 드러날 것이다.[6] 또한 밀레니엄에는 하나님에 대한

---

5 Edwards, *A History of the Work of Redemption*, WJE 9:480.

6 Edwards, *A History of the Work of Redemption*, WJE 9:482.

영적 지식이 확산되면서 모든 거짓 교리와 이단들은 사라지게 될 것이다. 우리는 여기서 결국 참된 진리인 하나님에 대한 지식을 탐구할 수 없는 이성의 한계를 신앙의 문제로 극복하려했던 신학자이자 목회자로서 에드워즈의 모습을 발견하게 된다.

에드워즈는 밀레니엄으로 인해 이 땅에 평화와 사랑의 시대가 도래할 것이라는 신념을 가지고 있었다. "그때는 세계 모든 국가들 가운데 지금까지 계속되었던 혼란과 전쟁, 피흘림 대신에 전세계 평화(universal peace)와 선한 이해(good understanding)가 있을 것입니다." "그 때는 악의, 시기, 분노, 복수가 모든 곳에서 억제되고 평화와 사랑이 서로 간에 확산될 것입니다."[7] 이처럼 에드워즈가 주장하는 밀레니엄의 성격은 상당히 유토피아적이다. 그가 이해한 밀레니엄은 바로 다니엘서에 예언되어 있는 "지상천국 시대"(the time of the kingdom of heaven on earth)의 성취이다.[8] 이에 대해 아비후 자카이(Abihu Zakai)는 에드워즈에게 밀레니엄은 추상적이거나 역사너머에 있지 않고 바로 역사 한복판에서 멀지 않은 미래에 실현되는 시공간적 영역이라고 보았다.[9] 비록 밀레니엄을 통해 이

---

7 Edwards, *A History of the Work of Redemption*, WJE 9:482-83.

8 Edwards, *A History of the Work of Redemption*, WJE 9:479.

9 Abihu Zakai, *Jonathan Edwards' Philosophy of History: The Reenchantment of the World in the Age of Enlightenment* (Princeton

처음 공부하는 조나단 에드워즈

땅에 황금시대가 이루어지지만 이는 완전한 성취는 아니다. 에드워즈는 그리스도의 재림으로 인한 하나님 나라가 이루어지기 이전의 단계로 밀레니엄을 보고 있기 때문이다. 이처럼 에드워즈는 계몽주의가 지녔던 낙관적인 유토피아 사상의 영향 속에서 구체적으로 인간의 행복한 미래를 밀레니엄에서 그리면서도 그 밀레니엄의 한계를 기독교 종말론에 근거해서 지적하고 있다.

② 영적 부흥과 밀레니엄

에드워즈는 밀레니엄이 뉴잉글랜드에서부터 시작될 것으로 보았다. 이로 인해 그는 당시 무역의 성행을 밀레니엄 현상의 일부로 인식한다. "무역 경로의 변화로 인한 미국의 수출은 영적인 의미로도 볼 수 있는데, 곧 미국이 세계 각처로 영적인 것들도 수출할 것임을 드러내는 모형이자 전조"[10]라고 예견했던 것이다. 이와 함께 에드워즈는 1730년대 코네티컷 리버 밸리(Connecticut River Valley) 지역에서 일어난 영적 부흥운동을 밀레니엄의 전조 현상으로 해석했다.[11] 이후 영적 부흥의 전

---

and Oxford: Princeton University Press, 2003), 162.

10 Jonathan Edwards, *Typological Writings, WJE 11:101.*

11 Jonathan Edwards, *The Great Awakening*, WJE 9:207.

세계 확산과 적그리스도의 패배로 2000년 정도에는 밀레니엄이 완전히 성취되리라 기대했다.

> 성령이 곧 쏟아 부어져 놀라운 하나님의 능력과 은혜의 위대한 사역이 이제 시작되어 지속되면 영광스러운 일이 일어날 것이다. [하나님의] 신적인 능력이 2000년까지 놀랍고 비교할 수 없을 정도로 나타날 것이다. 처음 반세기 동안 기독교 신앙의 능력과 순결이 우세해져 이를 반대하는 모든 이들을 정복하여 개신교가 다스리는 세상이 될 것이니 이 얼마나 위대한 일인가! 두 번째 반세기 동안은 기독교 신앙이 더욱 우세해져 적그리스도 왕국의 세력을 무너뜨리고 지금 교황이 다스리는 세상 위에 하나님의 능력이 임할 것이다. 세 번째 반세기 동안은 기독교 신앙이 더욱 우세해지면서 마호메트의 세계를 정복하고 유대인의 나라와 흩어진 유대인들이 회복될 것이다. 이후 한 세기 동안 아프리카와 아시아, 아메리카와 남반구의 모든 지역이 계몽되어 예수 그리스도께로 돌아올 것이다. 로마가톨릭과 마호메트의 추종자들, 이단과 분리주의자들, 악과 부도덕으로 압제당하는 모든 이들, 참된 기독교에 반대하는 모든 적들은 불행과 재앙에 빠질 것이며, 이런 모든 일들이 일단락되면 세상은 거룩한 안식을 즐기게 될 것이다.[12]

---

12   Jonathan Edwards, "An Humble Attempt," WJE 5:411.

처음 공부하는 조나단 에드워즈

에드워즈는 계몽주의자들이 유토피아에서 성취되리라 믿었던 종교적 갈등이 결국 사라지고 어떤 신앙에도 관용하여 평화를 유지한다는 보편종교 사상을 비판하면서 기독교 신앙으로 통일된 세상을 기대했다. "그 때는 종교적 교리의 난제들이 놀랍게 해결되고, 모순처럼 보이는 것들이 명확해질 것입니다."[13] 더 나아가 밀레니엄에는 기독교에 반대하는 적그리스도가 완전히 무너질 것이라고도 단언했다. 그가 언급한 적그리스도로는 소시누스, 아리우스, 퀘이커, 알미니안주의, 이신론 등이다. 이어 중세시대를 암흑으로 만들었던 로마가톨릭을 적그리스도로 지적하면서 16세기 종교개혁으로 인해 결정적인 패배가 사탄에게 주어졌다고 한다. 세 번째로는 이슬람 제국을, 네 번째 현상으로는 유대인들의 불신앙도 밀레니엄에서는 극복되어 민족적 회심이 일어날 것으로 전망했다.[14] 더 나아가 세상의 비기독교 국가들까지 밀레니엄에서는 복음을 통해서 모두 무너질 것으로 보았다. "이제 그리스도의 모든 대적은 완전히 그의 발아래 놓여 그리스도는 죄, 사탄, 사탄의 모든 도구들, 죽음, 지옥에 대해서 가장 완벽한 승리를 얻게 될 것입니다."[15] 이처럼 에드워즈는 밀레니엄을 평화와 사랑의 시대로 묘사하

---

13 Edwards, *A History of the Work of Redemption*, WJE 9:480-81.

14 Edwards, *A History of the Work of Redemption*, WJE 9:467-70.

15 Edwards, *A History of the Work of Redemption*, WJE 9:509.

면서도, 밀레니엄은 계몽주의자들이 주장하는 것처럼 유토피아에서 기독교뿐만 아니라 다른 여러 종교가 하나되어 서로의 다른 신앙을 인내하고 관용하는 세상으로 종결되지 않고, 참된 진리인 기독교가 완전한 승리를 획득하여 종교적 혼란이 없는 세상을 제시하였다. 에드워즈는 밀레니엄에 대한 간절한 소망을 기도합주회에서 다음과 같이 드러내고 있다.

> 미래에 약속된 교회가 번영하는 영광스런 날이 있기에 이 날을 위해 기도하는 것은 분명히 가치 있는 일입니다. 우리에게 하나님의 영광에 대한 관심이 있다면, 그리고 구속주의 나라와 영예에 대한 관심이 있고, 그리스도의 백성에 대한 사랑이 있다면, 또 멸망해가는 죄인들에 대한 사랑과 다른 창조물들에 대한 사랑이 있다면, 세상과 교회의 번영에 대한 소원이 있다면, 우리나라와 이웃과 친구들과 우리 자신의 영혼에 대한 사랑이 있다면, 이 행복한 날이 도래하고 영광스러운 일이 성취되도록 열심히 기도해야할 것입니다.[16]

---

16   Edwards, "An Humble Attempt," WJE 5:340-41.

처음 공부하는 조나단 에드워즈

3) 밀레니엄 사상의 영향

에드워즈의 포스트밀레니엄 사상은 미국의 건국과 이후 가야할 방향을 설정하는 데 큰 영향을 미쳤다. 리차드 니버(H. Richard Niebuhr, 1894-1962)는 밀레니엄 사상이 미국의 기독교 운동에 중요한 역할을 하였는데, 밀레니엄을 성취하기 위한 신앙 활동이 미국 기독교의 특징이 되었다고 주장한다. 특별히 그는 에드워즈와 그가 체험한 1차 대각성운동이 미국 초기 하나님의 주권을 강조하는 신앙적 흐름과 이후 19세기 일상적 삶을 변화시키는 흐름 사이를 연결하는 중요한 매개자의 역할을 했다고 평가한다.[17]

에드워즈를 포함한 뉴잉글랜드 청교도들이 가졌던 새로운 시대를 여는 밀레니엄에 대한 기대는 이후 미국의 독립혁명을 가능케 한 사상적 배경이 되었다.[18] 미국의 건국은 밀레니엄을 완성하시는 하나님의 섭리로 해석되었고. 미국은 하나님의 선한 뜻을 이루는 의로운 제국(righteous empire)으로서의 역할을 감당해야하는 사명을 가졌다는 의식 속에서 태동되

---

17 H. Richard Ward Niebuhr, *Kingdom of God in America* (Middletown: Wesleyan University Press, 1988), 138.

18 Robert Doyle, 『교리 속 종말론』, 박응규 역 (서울: 그리심, 2010), 346.

었다. 따라서 미국 초기 정치지도자인 토머스 제퍼슨(Thomas Jefferson, 1743-1826), 벤자민 프랭클린(Benjamin Franklin, 1706-90), 존 애덤스(John Adams, 1735-1826) 등도 미국의 국가적 사명으로 하나님이 전 세계인들에게 지식의 빛을 비추고 억압받는 이들에게 자유와 해방을 제공하고자 미국을 사용하시리라고 믿었다.[19] 이후 미국의 기독교는 제2차 대각성 운동을 통해 여러 주일학교, 교육기관들, 구제기관들을 설립하면서 어느 정도 의로운 제국을 성취하였다.[20] 특별히 에드워즈에게 지대한 영향을 받고 뉴 헤이븐 신학(New Haven Theology)의 기반을 닦은 나다니엘 테일러(Nathaniel W. Taylor, 1786-1858)는 영적 회심이 변화된 윤리적 삶으로 귀결되어야 한다고 주장했다.[21] 즉 18세기를 대표한 에드워즈의 포스트 밀레니엄 사상은 이후 2차 대각성 운동을 체험하면서 미국 기독교인들이 교육과 봉사, 금주운동으로 대표되는 생활운동이 밀레니엄을 지상에 건설하는 데 주력하도록 하는 원동력이 되었다. 나아가 미래에 대한 낙관론적 견해가 점차 쇠퇴하는 1930년대까지 미국

19　Winthrop S. Hudson and John Corrigan, 『미국의 종교』, 배덕만 역 (서울: 성광문화사, 2008), 193.

20　Douglas A. Sweeney, *The American Evangelical Story: the History of the Movement* (Grand Rapids: Baker Academic, 2005), 74.

21　Hudson and Corrigan, 『미국의 종교』, 250.

처음 공부하는 조나단 에드워즈

인들에게 상당한 영향력을 미쳤던 것이 사실이다.

(2) 천국과 지옥

에드워즈는 기독교인의 인생을 천국으로 가는 순례자의 여정으로 보았다. 순례자들이 인생길에서 주의해야할 것은 바로 그들이 어디로 향하고 있는가 이다. 에드워즈는 목회자의 주된 역할 중 하나가 성도들이 순례의 길을 걸으며 축복된 죽음을 통해 천국에 이르도록 안내하는 것이라고 생각했다. 에드워즈에게 죽음은 아담의 타락으로 인해 하나님이 주신 형벌이라는 부정적인 의미도 있지만, 이후 죄의 결과인 비참한 상황에서 살아가야 하는 성도에게는 이 세상에서 육신의 장막을 벗고 **하나님과의 연합을 완성하기 위한 해방의 단계**[22]이다. 이제 그가 생각한 개인적 종말인 죽음과 이어 밀레니엄 이후 그리스도의 재림으로 펼쳐지는 천국과 지옥에 대한 그의 생각을 살펴보자.

---

22 Jonathan Edwards, "True Saints, When Absent from the Body, Are Present with the Lord," WJE 25:411.

1) 천국

　　죽음 이후 성도는 천국으로 불신자는 지옥으로 가게 된다. 에드워즈에 따르면, 천국에서는 삼위 하나님이 연합하시는 모습과 같이 하나님과 성도들이 사랑의 연합을 통해 공동체를 이룬다.[23] 그리고 천국은 무위도식하거나 활동을 중단하는 곳이 아니다. 안식을 위해 오직 지상에서 느꼈던 여러 괴로움과 수고, 지겨운 일들만이 중단될 뿐이다. 이 세상의 중요한 과거의 기억들은 천국에서도 그대로 간직된다. 대표적으로 중생의 체험이나 불쌍한 이웃을 도와준 자선과 같은 선행들, 그리고 죽음의 순간 등이 천국에서도 기억된다.[24]

　　그리스도의 재림 이전에 잠시 사탄이 세력을 회복하는 암흑의 시기가 오지만 이를 통해 오히려 모든 창조물이 구속사역이 완성되는 그리스도의 재림을 고대하게 된다. 결국 그리스도의 재림이 일어나면, 죽은 자들이 부활하고 이 세상에 살고 있던 성도들과 천국의 성도들이 함께 모이게 된다. 성도들은 공중에서 재림하시는 주님을 영접하고자 구름 속으로 끌려올라 가며 그리스도는 성도들과 함께 최후의 심판을 하고 아버지의 집

23　Jonathan Edwards, "The Excellency of Christ," WJE 19:594.

24　Edwards, "Miscellany no. 105," WJE 13:275.

처음 공부하는 조나단 에드워즈

으로 인도한다. 이제 성도들은 가장 완전한 영광 가운데 영화(Glorification)의 상태에 들어가게 되는데, 성도들의 몸은 완전히 변화되어 고통과 불안, 염려와 같은 육체적 한계에서 벗어나 아름다움과 생명력을 소유하며 썩지 않고 영원히 시들지 않는 영광 가운데 머물게 된다. 이러한 구속사역의 완성은 결국 하나님의 영광(Glory of God)과 직결되는 것이다.

> 이제 교회는 가장 완전한 영광의 상태에 도달하게 됩니다. 지상에서 교회가 영광의 시대[밀레니엄]에 있을 때 가졌던 모든 영광은 천국에서 누리게 될 그 가장 완전한 상태의 영광에 비하면 희미한 그림자일 뿐입니다. 그리고 이제 위대한 구속자인 그리스도는 가장 완전한 상태로 영화롭게 되고, 하나님 아버지는 그로 말미암아 영화롭게 되며, 성령은 모든 교회의 심장 안에서 그리스도의 사역이 완전하게 될 때 가장 큰 영광을 받을 것입니다. … 그리고 그 위대한 구속자는 인간의 타락 이후 바로 시작하셨던 구속사역에 속한 모든 것을 완성하실 것입니다.[25]

에드워즈가 이해한 천국의 기본적 특징은 **사랑의 세계**(world of Love)라는 점이다. 하나님의 임재로 인해 신적인 사

25　Edwards, *A History of the Work of Redemption*, WJE 9:509.

랑이 천국을 다스리는 원리이자 근원이기에 천국에서 모든 관계는 사랑으로 서로 연결된다. 따라서 천국에서는 모두 사랑스럽고 선한 것들만이 존재한다. 개혁신학에서 말하는 선한 창조로의 회복을 가리키는 것이다. 그는 천국에 대해 상세히 묘사하기를, "천국은 사랑하는 모든 대상의 아름다움이 조금도 희미해지지 않고 사랑하는 마음이 조금도 흐려지지 않고 사랑을 느끼는 모든 인간의 감각들이 충만하게 만족되는 곳"이라고 한다.[26] 따라서 그리스도인은 천국에서 더욱 능동적이며 바빠지게 되는데, 이를 이 땅에서의 성도의 삶과 비교하면 지상에서는 성도가 오히려 매우 단조롭고 지루한 삶이었다고 회고하게 된다. 심지어 천국에서는 영적인 즐거움만 있는 것이 아니라 감각적 쾌락이 이 세상보다 더욱 강하고 매혹적일 것이라고 보았다.[27] 특별히 삼위일체 하나님과의 연합으로 인해 천국 시민들은 하나님에 대한 지식과 사랑이 영원히 무한하게 진보하게 되고 이를 통해 하나님의 위대하심과 탁월성을 깨닫게 되어 더욱 행복한 상태에 이르게 된다.[28]

천국이 완전한 사랑의 세계이지만 에드워즈는 그곳에서도 높고 낮은 일종의 위계질서가 존재하게 된다고 주장한다. 구

---

26 Jonathan Edwards, "Heaven is a World of Love," WJE 8:383-85.

27 Edwards, "Miscellany no. 182," WJE 13:328.

28 Edwards, "Miscellany no. 105," WJE 13:275.

처음 공부하는 조나단 에드워즈

약의 다니엘, 신약의 사도 바울과 사도 요한과 같은 인물들은
이 세상에서 하나님을 향한 사랑과 충성이 뛰어나고 탁월한 모
습을 보여주었으며 이들은 천국에서도 그들이 누리는 영광이
보통 사람들과는 다르다고 주장한다. "그들은 천국에서 가장 크
게 그리스도의 사랑을 받는 자들입니다. 의심할 여지없이 그리
스도의 가장 큰 사랑을 받고 영광에서도 그리스도께 가장 가까
이 있는 성도들은 다른 모든 성도보다 가장 많이 사랑을 받는
자들입니다." 그럼에도 불구하고 에드워즈에게 천국은 **평등의
세계**이다. "더 많은 사랑을 받은 것만큼 다른 성도를 사랑하는
사랑에서 충만하기 때문이다."[29] 결국 그리스도께서 우리에게
모범을 보여주셨듯이 사랑으로 서로 섬기며 복종함으로 인해
완전한 사랑과 평등의 세계가 천국에서 이루어지게 된다.

2) 지옥

에드워즈는 악인이나 회심하지 않은 사람들이 가는 장소
가 지옥이라고 생각했다. 하나님은 공의로운 존재이기에 악인
들은 지옥에서 형벌을 받게 된다. 지옥에 하나님이 부재하다는
청교도들의 일반적인 생각과 달리, 에드워즈는 사탄이나 마귀

---

29 Edwards, "Heaven is a World of Love," WJE 8:377.

들만 지옥에 존재하는 것이 아니라 하나님도 그곳에 임재하신다고 주장했다. 하지만 천국에 계신 하나님의 모습과는 완전히 다른 모습을 그리고 있다.

> 분노하신 하나님은 아주 가깝게 임재하실 것입니다. 하나님은 진노 중에 그들 안에, 그들 앞에 그리고 그들 주변 모든 곳에서 크게 화를 내실 것입니다. 그리고 우리가 우리 앞에 서 있는 사람을 명확히 보는 것처럼, 그들은 하나님의 임재를 보고 느끼고 지각하게 될 것입니다. 그리고 보이는 모든 것마다 하나님이 그들에게 분노하시는 흔적을 나타낼 것입니다.[30]

에드워즈에게는 천국에서 하나님이 성도들과 친밀한 관계를 가지는 것처럼 지옥에서도 악인들 가까이에 계신다. 그런데 천국에서와는 달리 지옥에서는 하나님이 진노하고 계시다는 점이다. 따라서 하나님의 임재로 인해 악인에게는 지옥이 오히려 더욱 고통스러운 장소가 된다. 하나님의 임재로 드러나는 그의 탁월하심과 아름다움은 천국에서는 성도들의 행복이 되지만 지옥에서는 오히려 악인들의 고통을 더하는 요소가 된다.[31]

---

30 Edwards, "Miscellany no. 232," WJE 13:350.
31 Michael J. McClymond and Gerald R. McDermott, *The Theology*

처음 공부하는 조나단 에드워즈

에드워즈는 "진노하시는 하나님이 손 안에 있는 죄인들" 설교에서 불타는 지옥의 모습을 이렇게 상세하게 묘사했다.

그 비참한 세계, 유황불이 타고 있는 불 못이 여러분 발밑에 펼쳐져 있습니다. 하나님의 진노의 불꽃이 타고 있는 무서운 구덩이가 있습니다. 지옥이 입을 크게 벌리고 있습니다. 그런데 여러분은 서 있을 곳도 없고 붙잡을 것도 없습니다.[32]

에드워즈는 성경의 내용에 따라 지옥에 대한 전통적 견해를 수용하고 있다. 그에게 지옥은 악인들이 용광로와 뜨거운 불로 극심한 고통을 받는 영원한 형벌의 장소이다. 지옥의 악인들은 하나님을 미워하고 모독하고 저주까지 한다. 심지어 자기들끼리도 서로 미워하고 시기하며 독을 내뿜으며 독사처럼 상대방을 서로 물면서 고통을 준다. 따라서 하나님은 지옥에서 이런 악인들을 향해 자신의 진노를 쏟으신다. 지옥은 하나님이 자신의 진노를 표출하고 나타내기 위한 장소이다. 이외에도 지옥은 이 세상에서 가장 혐오스럽고 더러운 것들이 모여 있는 곳이기

---

of Jonathan Edwards (New York: Oxford University Press, 2012), 509.

32 Jonathan Edwards, "Sinners in the Hands of Angry God," WJE 22:410.

도 하다.[33]

　　에드워즈가 볼 때 천국과 지옥의 공통점은 두 세계 모두 영원하기에 중단 없이 점진적이고 발전하는 상태에 있다는 것이다. 천국에서 성도들의 행복과 기쁨이 점차 증가하는 반면, 지옥에서는 하나님과 분리된 악인들의 불행과 고통이 점차 증가한다. 그리고 그 행복과 고통은 영원한 것이다. 특별히 지옥에서 고통의 정점을 이루는 역사적 순간으로 에드워즈는 적그리스도의 몰락을 들고 있다. 그는 로마가톨릭과 교황을 대표적인 적그리스도로 보았기에 가톨릭과 그 추종자들의 멸망을 적그리스도의 몰락으로 보았던 것이다. 그리고 누가복음 20장 36절과 요한계시록 21장 4절을 근거로 지옥의 고통은 죽음도 멈출 수 없는 영원한 저주임을 확인하고 있다.[34]

(3) 더 읽어볼만한 책

　　에드워즈의 종말론에 대해서는 다음 책들이 도움이 될 것이다.

33　Edwards, "Heaven is a World of Love," WJE 8:390.

34　Edwards, "Miscellany no. 1004," WJE 20:328.

처음 공부하는 조나단 에드워즈

Edwards, Jonathan. *A History of the Work of Redemption.* The Works of Jonathan Edwards Vol. 9. edited by John F. Wilson. New Haven: Yale University Press, 1989.

(번역본)『구속사』 김귀탁 역, 서울: 부흥과 개혁사, 2007.

Edwards, Jonathan. 『조나단 에드워즈의 사랑과 그 열매』 서문 강 역. 서울: 청교도 신앙사, 2002.

Lee, Sang Hyun ed. *The Princeton companion to Jonathan Edwards.* Princeton, NJ: Princeton University Press, 2005.

(번역본)『조나단 에드워즈의 신학: 프린스턴 조나단 에드워즈 입문서』 이용중 역. 서울: 부흥과개혁사, 2008. 14장(역사), 15장(종말론) 부분.

MacClymond, Michael and Gerald R. McDermott. *(The) Theology of Jonathan Edwards.* New York: Oxford University Press, 2012.

(번역본)『(한 권으로 읽는) 조나단 에드워즈 신학』 임요한 역. 서울: 부흥과개혁사, 2015. 35장(종말론) 부분.

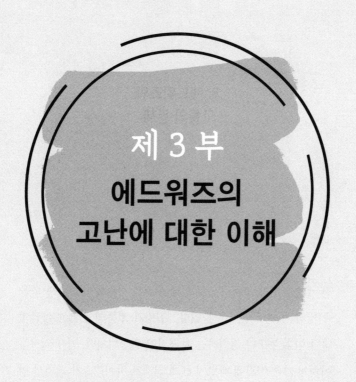

제 3 부
에드워즈의
고난에 대한 이해

처음 공부하는 조나단 에드워즈

7. 에드워즈와
고통의 문제[1]

전 세계는 현재 코로나19로 인해 수많은 사람들이 고통과 죽음을 당하는 팬데믹 가운데 있다.[2] 질병과 고통의 문제는 아담의 타락 이후 누구나 경험하는 보편적인 현상이지만, 인류 역사상 이렇게 짧은 시간에 빠르게 세계 전체로 바이러스가 퍼져서 엄청난 수의 희생자를 발생시킨 일은 중세 유럽의 흑사병 이후 그

---

1 이 장은 조현진의 "조나단 에드워즈와 고통의 문제"(「영산신학저널」 55권, 2021)를 기반으로 일부 내용을 수정 보완하였음을 밝힙니다.

2 2023년 2월 13일 현재 코로나19 희생자 통계를 살펴보면, 전 세계 확진자는 6억 7,368만 명, 사망자는 678만 명을 넘어섰다. 국내 확진자는 3,035만 명, 사망자는 3만 명을 넘어섰다.

유례를 찾아보기 힘든 상황이다.

18세기 근대 의학이 발달하기 이전에 살았던 조나단 에드워즈는 질병을 포함한 고통, 죽음의 문제를 어떻게 신학적으로 해석하고 받아들였을까? 의학이 충분히 발전되지 않았기에 그의 삶에서도 질병과 고통, 죽음의 문제는 상당히 일상화된 문제였을 것이다. 특별히 그 자신도 어렸을 때부터 병약하여 여러 차례 심각하게 질병과 싸우며 민간요법을 사용하기도 하였다. 결국 천연두 예방접종의 부작용으로 예기치 못한 죽음을 맞이했기에 그가 질병, 죽음, 고통의 문제를 어떻게 보았는지에 관심을 가지게 된다. 에드워즈의 고통에 대한 묵상과 실천을 통해 오늘날 여러 모양으로 고통 중에 있는 그리스도인들에게 기독교적 위로와 소망이 되기를 바란다.

(1) 고통의 문제들

에드워즈는 장기적 종말에 대해서는 언젠가 성취될 밀레니엄에 대한 기대와 자기 인생에서의 단기적 종말로는 천국에 대한 소망을 가졌기에 전반적으로 고통과 질병 문제에 대해서도 상당히 긍정적인 입장을 유지하였다. 하지만 이런 기독교적 소망 가운데에서도 질병과 죽음의 문제는 엄청난 고통과 슬픔을 그에게 가져다준 것이 사실이다. 그의 인생을 돌아보며 에드워즈가 체험했던 고통의 문제들에는 어떤 것들이 있었는지 주요 사건들을 중심으로 살펴보자.

무엇보다 먼저 에드워즈가 겪은 질병의 문제를 생각해 볼 수 있다. 그가 살던 18세기 뉴잉글랜드는 영국의 식민지로 변방이었기에 질병과 이로 인한 죽음은 만연되어 있었다. 에드워즈 자신도 허약한 체질의 소유자로 어린 나이에 두 번이나 사경을 헤맨 경험이 있었다. 따라서 그는 건강을 유지하고자 정기적으로 산책과 운동을 했다. 그럼에도 20대였던 1725년과 50대였던 1754년에는 중병에 걸려 오랜 시간 투병해야 했고, 노스햄턴 교회를 목회하면서도 여러 차례 건강의 문제로 강단에서 떠나 휴식을 취해야 했다.[3] 1754년 7월에는 그의 표현대로 "내 인생에서 가장 길고 힘든 질병"을 겪게 되는데, 스코틀랜드의 개혁주의 동료인 존 어스킨(John Erskine, 1509-91)에게 보내는 편지에서 다음과 같이 기록하고 있다.

> 내 인생에서 가장 길고 힘든 병에 걸리지 않았다면 나는 오래 전 이미 당신에게 편지를 썼을 것입니다. 지난 7월 중순 경 오한으로 인해 오랫동안 매우 심각하고 극도로 나의 몸과 힘을 쏟는 바람에 해골처럼 되어버렸습니다. 하지만 기나 껍질(the Peruvian bark)을 사용하면

---

3 Kenneth P. Minkema, "Preface to the Period," WJE 14:13.

처음 공부하는 조나단 에드워즈

서 잠시 좋아졌으나 지난 1월[1755년] 중순까지는 몸이 완전히 회복되지 않았습니다. 그동안 중요한 일들에 대해서 친구들에게 편지를 쓰고자 했지만 그렇게 할 수 없었습니다. … 몸이 떨리는 증상이 재발되어 펜을 놓을 수밖에 없었습니다. … 마침내 이 증상이 사라졌음에도 몸 상태는 별로 좋지 않아 몸 전체가 부었습니다. 괴혈병으로 내 몸은 아직도 부어 있습니다. 그럼에도 점차 기력을 회복하고 있긴 합니다.[4]

아직 의학이 발전되지 못한 18세기에 허약한 에드워즈는 다른 동시대인들처럼 질병이나 고통의 문제에 일상적으로 노출되어 있었으며 치료와 회복을 위해 위에 나오는 기나 껍질 외에도 방울뱀, 인삼 등을 섭취하는 민간요법을 이용하는 모습을 여러 기록들에서 발견할 수 있다.[5] 이외에도 가까운 지인들에게 보낸 편지를 보면, 자기 가족들이 여러 종류의 병에 고통당하는 모습을 기록하고 있기도 하다.[6] 심지어 1745년 여름에는 그가

---

4 Jonathan Edwards, "203. To the Reverend John Erskine," WJE 16:662-63.

5 Jonathan Edwards, "165. To Esther Edwards Burr," WJE 16:576-78. 에드워즈가 1753년 3월에 에스더(Esther)에게 보내는 편지를 보면 그녀의 건강을 위해 방울뱀과 인삼을 보내면서 이를 어떻게 약으로 사용할 수 있는지에 대한 설명을 볼 수 있다.

6 Jonathan Edwards, "160. To the Reverend William McCulloch," WJE 16:543-44.

목회하던 노스햄턴 마을 전체가 심각한 질병과 심각한 사망률에 휩싸이기도 했다.[7]

둘째로 죽음의 문제를 살펴보면, 에드워즈 인생에서 죽음을 기록한 인상적인 몇 장면을 찾아볼 수 있다. 1735년 6월 코네티컷 리버 벨리 부흥(Connecticut River Valley Revival)이 한창 일어나던 시기에 교인이며 이모부인 조셉 홀리(Joseph Hauley)가 우울증에 걸려 자살하는 사건이 발생했는데 이로 인해 영적 부흥이 중단되었다. 홀리는 이전부터 집안의 유전병이기도 했던 우울증을 심하게 앓고 있었는데 검시관은 그가 정신 착란 상태에서 죽음을 맞이했음을 확인했다.[8] 또한 1748년 2월 14일에는 둘째 딸 제루샤를 하늘나라로 먼저 보내야했다. 그녀는 발병한 지 일주일도 안 되어 갑작스런 죽음을 맞이했기에 가족 모두 큰 슬픔에 잠겨야 했다. 에드워즈가 보기에 제루샤는 탁월한 경건성을 지닌 성숙한 그리스도인이었기에 예일대 후배이자 인디언 선교 사역을 하던 브레이너드가 중병에 걸려 자신의 집에서 요양할 때 간호를 그녀에게 맡기기도 했다. 제루샤의 죽음으로 아버지로서 가지는 슬픔은 말로 표현할 수 없는 것이었으며 그

---

7 George M. Marsden, *Jonathan Edwards: A Life* (New Haven and London: Yale University Press, 2003), 316.

8 George M. Marsden, *A Short Life of Jonathan Edwards* (Grand Rapids and Cambridge: Eerdmans, 2008), 48-49.

처음 공부하는 조나단 에드워즈

녀를 예찬하는 애절한 설교[9]를 남겼다.

셋째로 에드워즈는 전쟁과 학살에 대한 염려와 공포와 싸워야 했다. 신대륙에서의 주도권을 위해 프랑스와 영국 사이에는 전쟁이 계속되는 가운데 인디언들의 침략과 학살의 위협은 지속되었다. 이처럼 인디언의 상시적 위협은 에드워즈가 거주하던 지역 주민들의 삶을 규정하는 중요한 요소 가운데 하나였다. 에드워즈가 직접 겪지는 않았지만 1704년에 일어난 디어필드 학살사건은 특히 큰 충격을 주었는데, 이는 외조부 솔로몬 스토다드(Solomon Stoddard, 1643-1729)의 양녀였던 에드워즈의 이모와 어린 두 자녀가 인디언들에게 죽임을 당하는 참사였다.[10] 또한 뉴잉글랜드의 변방지역인 스톡브리지에서 인디언 선교를 하던 시기인 1754년 9월 프랑스-인디언 전쟁으로 인해 마을 전체가 인디언들에게 공격당하는 위기에 처하기도 했다. 당시에 이 지역 주민 네 명이 인디언들에게 살해당했다는 소식은 에드워즈 가족과 주민들 전체에게 커다란 공포를 주었다. 이 당시 마을 분위기를 전하며 에드워즈는 단 하루도 안전을 보장

---

9 Marsden, *Jonathan Edwards*, 327. 이 장례식 설교의 제목은 "젊음은 시드는 꽃과 같이"(Youth is Like a Flower That Is Cut Down)로, 욥기 14장 2절을 본문으로 한다. 이 설교는 1741년 2월 청년인 빌리 셸돈(Billy Sheldon)의 장례식 설교원고로 작성되었으나 7년 후 딸 제루샤의 장례식에서도 내용을 수정 보완하여 설교했다.

10 Marsden, *A Short Life of Jonathan Edwards*, 102.

할 수 없는 상태로 앞으로 일어날 일은 오직 하나님만이 아신다는 담대한 신앙의 고백을 하고 있다.[11]

에드워즈가 당한 고통에서 마지막으로 생각해 볼 문제는 그가 담임하던 교인들의 분열과 목회직 해임이었다. 그는 23년간 애정을 가지고 영적 부흥까지 이끌었던 노스햄턴 교회에서 성찬 문제로 인해 1750년 6월 해임되었다. 그는 신학적으로 자기 견해가 옳다는 확신에도 불구하고 전임자 스토다드 목사에 대한 향수와 교인 자격에 대한 관습적 전통으로 인해 담임 목회자인 자신을 교인들이 오해하고 있음에 상당히 마음 아파했다. 안타까운 것은 해임 후에도 교회가 목회자를 제대로 청빙하지 못해 어쩔 수 없이 한 마을에 사는 자신을 다시 불러 강단에 서며 열두 번이나 말씀을 전해야 했다는 점이다.[12] 영적인 권위를 지닌 목회자로서 에드워즈가 당해야했던 사회적 소외와 수모는 말로 표현할 수 없는 것이었다. 이처럼 에드워즈는 자신의 인생을 통해 여러 질병과 죽음의 문제를 직접 체험하면서 수많은 고통의 시간을 체감해야 했다.

---

11 Edwards, "203. To the Reverend John Erskine," WJE 16:660.
12 노스햄턴 교회가 에드워즈의 후임 목회자를 청빙하는 데에는 그가
    사임한 후 3년이 걸렸다.

처음 공부하는 조나단 에드워즈

(2) 고통의 문제 해석

1) 고통과 하나님의 섭리

18세기 뉴잉글랜드 사람들은 하나님의 섭리 속에 자연 재해와 질병, 죽음 등이 일어난다고 생각했다. 이외에도 여러 비극적인 사건들도 인간의 죄와 적극적으로 연관시켜 하나님의 심판으로 해석하고자 했다.[13] 에드워즈도 고통과 질병의 문제를 하나님의 섭리로 해석하는 청교도 전통을 따랐다. 그가 질병을 포함한 여러 고통의 문제에서 발견했던 하나님의 섭리가 무엇이었는지를 자세히 살펴보면 다음과 같다.

첫 번째, 에드워즈가 질병과 고통 가운데 발견했던 하나님의 섭리는 무엇보다 자신이 당한 고통이 복음전파와 영적 부흥의 기회였다. 갑자기 병이 악화되어 죽은 자신의 딸 제루샤의 장례식 설교, "젊음은 떨어지는 꽃과 같이"(Youth is Like a Flower That Is Cut Down)에서 에드워즈는 고백하기를, 아직 청춘인 제루샤를 데려간 하나님의 섭리가 자신에게는 매우 고통스럽긴 하지만 그녀의 갑작스런 죽음을 가까이에서 함께 지켜보며 장례식에 참석한 교인들이 영적으로 자신을 되돌아보

---

13 Marsden, *Jonathan Edwards*, 69.

고 죽음을 준비하는 기회로 삼을 것을 권면한다. 더하여 그녀의 죽음이 새로운 대각성과 개혁이 일어나는 계기가 될 수 있다면 자신에게는 큰 위로가 될 것이라고 한다.[14] 그는 친구이자 제자인 조셉 벨라미(Joseph Bellamy, 1719-90)에게 보내는 편지에서도 "하나님이 영적인 축복으로 우리의 큰 상실을 갚아주시도록 우리를 위해 기도해주기 바란다"[15]고 호소하고 있다. 결국 사랑하는 딸의 죽음을 통해 하나님이 다시 영적 부흥을 일으킬 것을 소망하였던 것이다. 이와 같이 에드워즈는 개인적인 슬픔과 아픔 속에서도 하나님이 일으키실 영적 부흥운동과 축복에 대한 소망을 가지고 그분의 선하신 뜻을 구하고 있음을 발견할 수 있다. 사실 그가 딸의 죽음을 통해 영적 부흥에 대한 소망까지 품을 수 있었던 데에는 1734년부터 시작된 코네티컷 리버 벨리 부흥이 바로 젊은 청년들의 갑작스런 죽음으로부터 시작된 영적 각성으로 인한 것으로 볼 수 있다.

둘째로 에드워즈가 질병과 고통의 문제 가운데 찾았던 하나님의 섭리를 살펴보면, 고통은 "자기점검"(self-examination)의 기회였다는 점이다. 청교도 전통에서 그들의 실천적 모범 가운데 하나가 바로 "자기 점검"으로 그들은 경건의 모양은 있으

---

14 Edwards, "Youth Is Like a Flower That Is Cut Down," WJE 22:338.

15 Edwards, "84. To the Reverend Joseph Bellamy," WJE 16:246.

처음 공부하는 조나단 에드워즈

나 참된 신앙이 결여된 위선자(hypocrites)의 모습을 상당히 경계하곤 했다. 청교도 정신을 계승한 에드워즈도 20대 초반 자기점검을 위해 "결심문"(Resolutions)을 작성했는데, 이를 통해 청년시절부터 그가 고통의 문제를 어떻게 바라보고 수용해왔는지를 확인할 수 있다. "결심문"에서 고통의 문제를 언급하고 있는 부분들을 살펴보면 다음과 같다.

> 말과 행동하는 모든 면에 있어서 아무도 나처럼 그렇게 악하지는 않은 것처럼, 또한 내가 다른 사람과 동일한 죄를 짓고, 동일한 잘못과 실수를 한 것처럼 행동하자. 다른 사람의 실패를 나 자신의 잘못을 살피는 계기로 삼고, 나의 죄와 비참을 하나님께 고백하는 기회로만 삼자 (no. 8).

> 내가 고통을 느낄 때, 순교의 고통과 지옥의 고통을 생각하도록 하자(no. 10).

> 불행과 불운에 대한 염려가 생길 때 나의 의무를 다했는지를 점검하고 나의 의무를 다하도록 하자. 그리고 그런 사건들이 일어난 것은 [하나님의] 섭리(providence)라고 생각하자. 할 수 있는 한 나의 의무와 죄에 대해서만 관심을 갖자 (no. 57).[16]

---

16 Edwards, "Resolutions," WJE 16:753-54; 757.

에드워즈는 죄와 고통의 문제를 오히려 자신을 성찰하며 하나님께 죄 문제를 고백할 기회로 삼고자 했다. 원죄를 가진 인간의 깊은 죄성과 연결되어 있음을 충분히 인식한 에드워즈는 지옥에 들어가 영원한 고통을 당할 운명을 지닌 사람에게 이 세상에서 당하는 잠시의 고통이 오히려 하나님이 은혜로 베푸시는 구원을 위한 기회로 여기고 자기 성찰의 기회로 삼아야 한다고 생각했던 것이다. 또한 에드워즈는 다른 사람의 잘못이나 실패를 통해 오히려 자신의 약함을 돌아보는 계기로 삼는 자기 성찰의 모습도 보여준다. 이러한 모습은 그가 교인들의 반대로 사임을 앞두었을 때 자신에게 닥친 재앙을 통해 자신을 낮추어서 목사로서의 자질이 있는 지를 점검하게 하시려는 하나님의 섭리로 해석했던 내용에서도 확인할 수 있다.[17]

세 번째로 에드워즈는 질병과 고통을 하나님의 섭리가운데 부정적으로는 그리스도인들에 대한 경고의 의미로 해석하였다. 그가 볼 때 어리석은 자들에게 하나님은 자신의 뜻을 드러내고자 경고로 우리의 고통과 질병, 죽음을 허락하신다. 따라서 이는 에드워즈의 표현대로 희생이 필요한 "값비싼 경고"(costly warning)이다.[18] 그는 자신의 장남인 티모시 에드워

---

17 Jonathan Edwards, "116. To the Reverend Peter Clark," WJE 16:343-44.

18 Edwards, "Youth Is Like a Flower That Is Cut Down," WJE

처음 공부하는 조나단 에드워즈

즈(Timothy Edwards, 1738-1813)에게 1753년 보내는 편지에서 티모시가 뉴저지대학에서 천연두에 걸리자 이를 세상의 친구를 의존하지 말고 영원한 친구와 보호자가 되시는 하나님의 구원을 더욱 의지하는 기회로 삼도록 권고했으며[19], 1755년 에드워즈 주니어(Jonathan Edwards, Jr., 1745-1801)에게 보내는 편지에서는 아들의 어릴 적 친구이기도 했던 인디언 데이비드의 죽음을 알리면서 아들에게도 자신의 죽음을 준비하라는 하나님의 요청임을 확인시키고 있다.[20] 부흥설교로 유명한 "진노하시는 하나님의 손안에 있는 죄인들"(Sinners in the Hands of an Angry God, 1741)에서도 그는 강조하기를 악인들에 대한 심판은 기적이 필요하지 않고 질병이나 갑작스런 사고와 같은 하나님의 일반 섭리가운데에서도 충분히 가능함을 경고하고 있다.

> 하나님께서는 악인을 세상에서 지옥으로 보내는 수많은 방법을 가지고 있습니다. 그러므로 하나님이 어떤 순간에 악인을 멸망시키고자 기적을 행하거나 정상적인 섭리 과정에서 벗어날 필요가 없습니다. 죄인들을

22:326.

19 Edwards, "166. To Timothy Edwards," WJE 16:579.

20 Edwards, "204. To Jonathan Edwards, Jr.," WJE 16:667.

**세상에서 데려가는 모든 방법은 하나님의 손 안에 있으
며 보편적이고 절대적으로 하나님의 능력과 결정에 달
려 있는 것입니다.**[21]

이제까지 살펴본 것처럼, 에드워즈는 고통의 문제들을 전
반적으로 하나님이 자신의 선한 뜻을 성취하고자하는 하나님
의 섭리 가운데 행하시는 일로 해석했음을 확인할 수 있다. 결
국 인간으로서는 완전히 이해하거나 해석할 수 없는 하나님의
깊은 뜻이 담긴 문제로 고통과 죽음을 바라보았던 것이다. 이런
그의 모습은 자신의 임종 시에도 잘 드러난다. 그의 임종을 지
키던 사람들이 그의 죽음이 프린스턴 대학과 기독교 전반에 미
칠 어려움을 두고 슬퍼할 때, 어떤 말도 듣거나 하지 못할 것 같
은 상태에 있던 그는 "하나님을 신뢰하세요. 그러면 두려워할
필요가 없습니다"라며 위로했다.[22]

2) 악과 고통의 실재성

에드워즈는 단순한 악과 고통의 문제에 대해서 실재적 관
점(realistic view)을 드러낸다. 그는 사탄의 실재를 인정한다.

---

21 Edwards, "Sinners in the Hands of an Angry God," WJE 22:407-8.
22 Sweeney, *Jonathan Edwards and the Ministry of the Word*, 192.

처음 공부하는 조나단 에드워즈

조지 마스든(George M. Marsden)의 해석으로는 에드워즈에 게 있어 사탄은 인간의 역사를 설명하는 데 꼭 필요한 존재이 다.[23] 사탄에 대해 에드워즈가 묘사하는 모습을 보면, "귀신들 (devils)이 악인을 지켜보고 있습니다. 탐욕스런 배고픈 사자가 이를 갈며 자기 먹잇감을 노려보는 것처럼 귀신들은 악인을 기 다리고 있습니다."[24] 에드워즈에게 사탄은 세상에 군림하면서 모든 사람을 쉽게 자기의 통제 안에 둘 수 있는 권한을 가진 존 재이다. 그는 자신이 성찬논쟁을 통해 사임이 결정되자 이 사건 을 분석하면서, "노스햄턴에서 아주 오래 전에 세워져 나라 전 체에 널리 퍼진 스토다드의 교리와 관대한 실천에 대해 반대 의 견이 나오자 사탄이 크게 두려워하고 있다"[25]고 하였다. 교회를 분열시켜 자신을 사임시키는 데 결정적인 역할을 한 성찬논쟁 의 배후에는 오래 전부터 역사한 사탄의 음모와 조종이 있었기 에 가능하다는 믿음을 가지고 있었던 것이다.

에드워즈는 사탄이 사람들을 무너뜨리는 영적 무기도 언 급하는데, 대표적인 것이 바로 우울증이었다. 그는 조셉 홀리뿐 아니라 그의 자살 이후 노스햄턴 주민들 가운데 우울증에 시달 리는 이들이 상당 수 있다고 하면서 사탄이 죄만큼이나 우울증

---

23 Marsden, *Jonathan Edwards*, 167.

24 Edwards, "Sinners in the Hands of an Angry God," WJE 22:406.

25 Edwards, "130. To the Reverend Thomas Gillespie," WJE 16:386.

을 성도와 영적 부흥을 무너뜨리는 도구로 사용하기를 선호한다고 주장한다.

> [조셉 홀리가] 생의 마지막을 앞둔 시점에는 눈에 띄게 자신감을 잃고 우울증이 심해져 마침내 마음이 완전히 사로잡히게 되었다. 그는 사람들의 조언에 귀를 기울이지 않았고 자신의 생각 속으로만 빠져들었다. 이 때 사탄이 틈을 타기 시작하더니 그의 마음은 어느새 절망으로 가득 차 버렸다. 밤중에도 잠을 자지 못하고 공포에 시달리는 경우가 허다했다. … 노스햄턴 주변과 마을 주민들이 홀리의 일로 크게 영향을 받았다. 영적으로 또 정신적으로 건강했던 사람들, 어두운 구석이라고는 찾아보지 못하던 사람들, 자신의 영적 건강에 대해 전혀 의심하지 않았던 사람들조차 자살에 대한 강한 충동을 가지게 되었다. [26]

에드워즈는 우울증으로 인한 조셉 홀리의 자살을 우주적인 영적 싸움의 일례로 보았다. 사탄이 풀려서 무섭게 울부짖으며 영적 부흥을 무너뜨리려는 계획 가운데 이런 악한 일이 진행된다고 본 것이다. 즉 마지막 때가 가까울수록 영적 부흥과 같이 하나님의 역사가 강하게 일어나지만 이에 상응해 어둠의 세

26　Edwards, "A Faithful Narratives," WJE 4:206-7.

　처음 공부하는 조나단 에드워즈

력인 사탄도 강한 영적 무기를 사용하는 것으로 해석했다.[27] 결국 우울증을 사탄의 도구로 해석한 에드워즈는 홀리의 자살로 많은 마을 사람들이 자살의 유혹에 휩싸이게 되었으며 이는 결국 부흥운동의 확산을 차단하는 결과를 만들었다고 분석한다.

둘째로 에드워즈에게 악과 고통의 문제는 두려운 실재였기에 죽음 앞에 놓인 인간의 연약함과 비참함을 생생하게 표현할 수 있었다. "사람이 죽음의 고통과 두려움의 왕과의 싸움에 직면할 때 그의 얼굴이 얼마나 일그러지는가? 두 눈은 핼쑥해져 흐린 초점으로 바라보고 입으로는 가쁜 숨을 몰아쉰다. … 생명이 있고 건강할 동안에는 아주 아름답고 기쁨을 주던 외모가 죽음 앞에서는 불쾌하고 역겨운 모습이 되어 버린다."[28] 건강한 상태와는 달리 죽음을 앞에 두고 비참한 상태가 된 인간의 모습을 에드워즈는 고난의 대명사인 욥을 통해서 잘 묘사하고 있다.

> **욥은 이미 큰 변화를 겪었습니다. … 욥의 피부는 심각한 피부병으로 이미 만신창이가 되었습니다. 또한 욥은 더 큰 변화를 겪어야 합니다. 지금 병든 몸이 죽어야 하기 때문입니다. 욥기 7장 5절의 말씀처럼 심한 종기 속에 있**

---

27 Marsden, *A Short Life of Jonathan Edwards*, 49.

28 Marsden, *Jonathan Edwards*, 154에서 재인용.

던 벌레들은 이미 그의 피부를 갉아먹어 버렸습니다.[29]

욥은 시험을 당하며 자기 자녀와 재산뿐만 아니라 육체적인 질병으로 인해 자기 몸에도 상당한 변화를 겪게 되었음을 묘사하고 있다. 이외에도 앞에서 언급했던 것처럼 화려하게 피었다가 바로 시들어 버리는 꽃에 죽음이 가까운 인생의 초라한 모습을 자주 비교하기도 하였다.[30]

하지만 질병과 고통의 문제는 그 실재로 인해 상당한 아픔과 상처를 남기지만 그렇다고 해서 결코 성도들에게 보장된 하늘나라의 행복을 빼앗지는 못하기에 에드워즈는 구원에 대한 소망을 다음과 같이 드러낸다.

> 당신이 죽음에 대한 두려움을 느낄 필요가 없는 상태에 있는지 고려해보라. … 죽음이 이 세상의 즐거움을 빼앗아간다 해도, 하늘의 행복을 당신에게서 빼앗지 못하며, 이 세상의 재산을 빼앗아간다 해도, 당신이 지닌 하늘의 유산을 빼앗지 못하며, 이 세상의 친구들을 빼앗

---

29 Jonathan Edwards, "I Know My Redeemer Lives," in The *Sermons of Jonathan Edwards: A Reader*, eds., Wilson H. Kimnach, Kenneth P. Minkema, and Douglas A. Sweeney (New Haven and London: Yale University Press, 1999), 144.

30 Edwards, "Youth Is Like a Flower That Is Cut Down," WJE 22:322.

처음 공부하는 조나단 에드워즈

아간다 해도, 당신에게서 하늘에 계신 아버지와 신랑
되신 예수 그리스도를 빼앗을 수 있겠는가?[31]

결국 그는 하나님의 선택을 받은 영혼들은 끝까지 은혜로
견인된다는 개혁주의 입장의 구원론과도 연결하면서 마지막
때에는 이 세상과 천상에서 모두 하나님이 다스리는 밀레니엄
으로 성취될 것이라는 종말론적 신앙을 고백하고 있다.

에드워즈는 자신의 마지막에 천연두 예방접종의 부작용으
로 목구멍에 농포가 생겨 목이 부어오르고 고열이 나는 통증을
참으며 딸 루시(Lucy)에게 사랑을 담아 가족들에게 유언했다.

사랑하는 루시야, 내가 곧 너를 떠나는 것이 하나님의
뜻인 것 같구나. … 네 어머니가 힘든 시험을 잘 견뎌내
어 하나님의 뜻에 기꺼이 순종하기를 바란다. 그리고
나의 사랑하는 자녀들에게도 전해주길, 이제 내가 세상
을 떠나면 이제 너희는 아비 없는 상태가 되겠지만 이
로 인해 너희가 결코 실패하지 않으시는 아버지 하나님
을 더욱 찾기를 바란다.[32]

마지막까지 사랑하는 아내와 자녀들에게 자신이 그들 곁

---

31   Jonathan Edwards, "Nakedness of Job," WJE 10:412.

32   Sweeney, *Jonathan Edwards and the Ministry of the Word*, 191.

을 떠날지라도 절망하지 말고 선하신 하나님의 뜻을 붙잡고 의지하기를 소망하는 아버지로서 에드워즈의 안타까운 모습을 발견할 수 있다. 결국 그의 죽음을 목도한 윌리엄 시펀(William Shippen)은 그의 임종을 지키지 못한 사라(Sarah Pierpont Edwards, 1710-58)에게 편지하기를, "[에드워즈는] 어떤 누구보다 고통에서 완전한 자유로움을 보여주었습니다. … [그에게] 죽음은 확실히 그 매서운 맛을 상실해 버렸던 것입니다"[33]라고 증언한다. 우리는 여기서 죽음의 순간까지 하나님의 선하신 뜻을 구하면서 말과 행동이 일치했던 신실한 그리스도인의 모습을 확인하게 된다.

3) 고통 극복을 위한 실천

에드워즈는 악과 고통의 문제의 심각성을 충분히 인지하며 이를 극복하기 위해 구체적이고 실천적인 방법을 사용했다. 먼저 그는 하나님의 선하신 섭리 가운데 고통에서도 그 분이 행하실 일을 기대했다. 그는 『신앙감정론』(*Religious Affections*, 1746)에서 참된 신앙과 거짓 신앙을 구별할 수 없는 것처럼 고통의 원인에 대해서도 우리는 무엇이라고 할 수 있는 위치에 있

---

33 George S. Claghorn, "Introduction," WJE 16:26에서 재인용.

처음 공부하는 조나단 에드워즈

지 않음을 확인한다. 고통은 인간에게는 미스터리이지만 이 세상을 다스리시는 하나님에게는 자신의 선하심을 드러내는 도구이다. 따라서 하나님을 믿는 그리스도인으로 할 수 있는 것은 하나님의 선한 섭리를 어떤 상황에서도 기대하고 따르는 것이었다. 자신의 딸, 에스더(Esther)가 남편인 뉴저지 대학의 학장인 아론 버(Aaron Burr)를 잃고 아들이었던 아론 버 2세까지 죽음의 위기에 내몰리자 아파하는 딸에게 신앙적으로 권면하는 편지를 보냈다.

> 하나님이 크신 지혜를 발하셔서 너를 고치시는 동안 드러나는 그 분의 부드러운 사랑과 긍휼하심이여! 참으로 그 분은 신실한 하나님이시다. 그 분은 자신의 언약을 영원히 기억하시며, 자신을 믿는 자들을 버리지 않으신다. 하지만 이 빛이 지나고 먹구름이 다시 몰려온다고 해도 놀라거나 네게 이상한 일이 일어났다고 생각하지 말아라. 햇볕이 영구적으로 내리쬐는 일은 세상에서는 드문 일이며 심지어 하나님의 참된 성도들에게도 그렇단다. 그래도 내가 소망하기로는 하나님이 어떤 면에서 얼굴을 숨기신다면 심지어 이것도 하나님이 너에게 신실하시며 너를 정결케 하셔서 더욱 밝고 좋은 빛에 합당하도록 하시는 것이기를 바란다. [34]

---

34 Jonathan Edwards, "231. To Esther Edwards Burr," WJE 16:730.

아버지로서 힘들고 어려운 일을 당하는 딸을 위로하면서 하나님의 주권적인 섭리에 대해서 의심하지 말 것과 어떤 일을 당하든 간에 하나님의 선하신 뜻에 순종할 것을 권면하는 영적인 권위를 지닌 에드워즈를 만나게 된다.

둘째로 에드워즈는 하나님의 선한 섭리에 대한 기대와 함께 고통을 이겨내기 위해서 인간적인 노력도 동시에 필요함을 역설하였다. 1723년 11월 26일의 일기를 보자.

> 고통스러울 때에 앉아서 고통이 주는 괴로움에 대해 곱씹으면서, 고통으로 인한 나쁘고 어두운 면만을 계산하고 오랫동안 고통의 부정적인 면만을 생각하고 있는 것은 가장 나쁘고 치명적인 행동이다. 그리고 또한 다른 사람들에게 고통에 대해 말할 때, 우리가 할 수 있는 가장 나쁘게 말하며, 고통에 대해 떠들어대는 것은 계속해서 새로운 고통을 만들어내며 옛 고통을 더 크게 키우는 것일 뿐이다. 반면 이와 반대로 행동하면 고통을 줄일 수 있다. 만일 우리가 고통이 주는 긍정적 측면을 계속해서 생각한다면, 또한 고통에 대해 다른 사람에게 말할 때, 우리가 할 수 있는 한 그 고통들이 아무 것도 아닌 것처럼 취급한다면 우리는 스스로 그 고통이 대수롭지 않다고 여기게 될 것이며, 실제로 그 고통은 상당히 사라져버릴 것이다.[35]

---

35 Jonathan Edwards, "Diary," WJE 16:782.

처음 공부하는 조나단 에드워즈

에드워즈는 고통이 주는 괴로움을 계속 생각하거나 그 문제에 매달리는 것은 고통이 주는 부정적 결과를 더욱 크게 증가시킨다고 하면서, 고통을 아무 것도 아닌 것으로 취급해야 하며 이를 통해 결국 고통을 인내하고 이길 수 있음을 실천적인 방법으로 제시하고 있다. 더 나아가 그는 그리스도인으로서 기독교적 소망을 품을 것을 강조한다. 그가 말하는 고통의 긍정적인 측면과 같이 그 고통 가운데에서 일하시는 하나님의 선하신 뜻에 대한 신뢰야말로 그리스도인들에게는 소망으로 작용한다는 점을 확신했던 것이다.

셋째로 에드워즈는 고통에 대해 반응하는 성도의 모범으로 그리스도가 보여주신 인내의 모범을 제시한다. "그리스도의 탁월하심"(The Excellency of Christ, 1738)이라는 설교에서 에드워즈는 어린양 되신 그리스도가 고통의 문제에 있어서도 성도들에게 탁월한 모범이 되심을 잘 묘사한다.

> 그리스도의 인격 안에는 선의 무한한 가치와 악의 고통에 대한 큰 인내가 결합되어 있습니다. 그리스도는 완전히 죄가 없으시기 때문에 고통을 받지 않으셔도 됩니다. … 하지만 그분은 이 세상에서 가장 커다란 고통을 완전하게 견뎌내셨습니다. … 그분이 사람에게 고통을 당한 것은 자신의 잘못 때문이 아니라 자신이 사람들의 고통을 대신하심으로 사람들의 사랑과 존경을 받기에 무한히 합당한 존재이심을 보여주신 것입니다. 이것은

그의 인내를 더욱 놀랍고 더욱 영광스럽게 합니다. …
그리스도의 인격 안에서처럼 그렇게 무죄와 가치와 고
통 속에서의 인내가 결합된 경우는 없습니다.[36]

에드워즈는 그리스도가 당하신 고통을 모범으로 삼아 성
도가 당하는 고통을 회피할 것이 아니라 인내해야할 것을 강조
하고 있다. 당시 청교도적 전통에서도 인내야말로 고통으로 인
한 낙심을 물리치는 가장 좋은 실천적 방법으로 인식되어 있었
다. 이어서 에드워즈는 죄가 없는 그리스도가 극심한 고통을 당
한 이유는 바로 죄인들을 향한 하나님의 위대한 사랑이었음을
상기시킨다. 이 설교에서 에드워즈는 그리스도는 성도들에게
는 어린양의 모습으로 나타나지만, 악한 원수들에게는 강력한
사자로 나타나는 존재로 그리스도의 탁월한 두 모습을 함께 묘
사하고 있다. 이는 결국 성도들은 어떤 고통 가운데 있다고 할
지라도 그리스도와 같이 참고 견딘다면 끝내 하나님의 사랑으
로 극복할 수 있을 것임을 강조하는 것이다. 이는 토마스 와인
앤디(Thomas G. Weinandy)가 지적하는 대로, "예수의 죽음과
부활은 인간 고통에 대한 하나님의 응답"으로 볼 수 있기 때문
이다.[37]

---

36 Jonathan Edwards, "The Excellency of Christ," WJE 19:570.

37 Thomas G. Weinandy, *Does God Suffer?* (Notre Dame: University

처음 공부하는 조나단 에드워즈

마지막으로 주목할 에드워즈의 고통 극복의 방법은 동료들과의 서신교환을 통한 교제와 위로였다. 이를 통해 서로의 소식을 알리면서 자연스럽게 상대방을 위한 중보기도가 이루어졌다. 에드워즈는 당시 많은 동료 목회자들과 편지를 교환하면서 자신의 목회적 고민을 나누고 속마음을 털어놓았으며 여러 고통을 당할 때는 이를 자세하게 설명하면서 많은 위로를 받았다. 켈리 카픽(Kelly M. Kapic)은 *Embodied Hope*에서 그리스도인이 고통을 당할 때 그가 속한 교회와 같은 신앙공동체에 자신의 문제를 고백하고 이를 통해 성도 간에 서로 위로를 받는 것이 얼마나 중요한 일인지를 강조한다. "우리 모두는 육체적 고통과 질병, 아픔의 시간을 가진다. 이 고통의 시간에 우리는 왜 이런 일이 일어났는지를 설명해주는 철학적 이론이 필요한 것이 아니다. 우리의 고통을 진정으로 이해해주는 따뜻한 말과 듣는 귀가 필요할 뿐이다."[38] 카픽은 이러한 근거로 인간은 육체성(physicality)과 관계성을 지닌 존재이기에 관계를 통한 육체적 한계 극복과 치유의 중요성을 역설하고 있다.[39]

　　에드워즈도 카픽의 권면처럼 자신이 여러 고통을 당하며

---

of Notre Dame Press, 2000), 243.

38　Kelly M. Kapic, *Embodied Hope: A Theological Meditation on Pain and Suffering* (Downers Grove: IVP, 2017), 23.

39　Kapic, *Embodied Hope*, 53-54.

함께 울고 함께 슬퍼해 주었던 신앙공동체의 중요성을 언급하고 있음은 매우 흥미롭다. 물론 카픽의 말대로 담임목사였던 에드워즈에게 노스햄턴 교회와 성도들은 그에게 위로를 주는 사랑의 공동체가 될 수는 없었다. 하지만 그는 영적 부흥을 위한 국제적인 네트워크를 통해 사역하던 인물이었기에, 자신의 고민과 아픔을 자신이 살고 있는 뉴잉글랜드뿐 아니라 대서양 너머에 있는 영국이나 스코틀랜드의 여러 목회자들과 편지를 주고받으며 서로의 문제를 공유하고 또한 기도제목을 나누었다. 대표적인 인물들로는 개혁신학의 공동전선을 구축하여 스코틀랜드에서 알미니안주의의 확산을 저지했던 존 어스킨 목사[40], 영적 부흥을 위해 함께 국제적 기도운동을 펼쳤던 토마스 길레스피(Thomas Gillespie, 1708-74) 목사와 윌리엄 맥컬로크(William McCulloch, 1691-1771) 목사, 후원자였던 윌리엄 호그(William Hogg) 등을 들 수 있다. 성찬논쟁으로 교회가 혼란스러울 때 에드워즈는 자신의 신학적 고민을 동료들과 나누어 그들의 의견을 구하기도 했고 자신의 사임이 결정되고 스톡브리지의 인디언 사역지로 옮기는 도중에도 장문의 편지를 써

---

40 "John Erskine and Jonathan Edwards: Truth Unified An Ocean Apart," https://edwardsstudies.com/2016/04/18/ john-erskine-jonathan-edwards-truth-unified-an-ocean-apart/, 2020. 12. 10 검색.

처음 공부하는 조나단 에드워즈

서 자신의 사임 이유를 밝히면서 속마음을 나누었다. 피터 클락
(Peter Clark) 목사에게는 "나와 같은 상황에 있는 목사의 마음
을 아는 사람은 거의 없을 것"[41]이라고까지 자신의 복잡한 심경
을 드러낸다. 심지어 노스햄턴 교회에서 고별설교를 하고 나서
얼마 지나지 않아 어스킨에게 보낸 편지에서 그는 가족 부양으
로 겪게 될 경제적인 고민까지 털어놓았다. "이제 저는 세상이
라는 넓은 바다에 던져진 것과 같이 생각됩니다. 나와 내가 부
양해야할 많은 가족에게 무슨 일이 일어날지 알지 못합니다. …
나는 앞으로 열릴 목회사역에 의존해야 합니다. … 나는 연구
하는 것 외에 잘 하는 것이 없습니다."[42] 이처럼 에드워즈는 목
회자로서 느끼는 사회적 소외와 성도들에 대한 배신감, 가장으
로서 가족에 대한 책임감을 통해 사회적 소외를 체험해야 했다.
이런 자신의 마음을 목회하던 누구에게도 쉽게 표현할 수 없었
지만 그의 동료들에게는 이를 나누고 기도를 부탁하며 심지어
자신이 앞으로 사역할 목회지까지 부탁할 수 있었던 것이다. 어
느 정도 인생의 위기를 지나 안정된 시점에서 에드워즈는 믿음
의 동지들에게 감사의 마음을 표현하는데 스코틀랜드의 윌리
엄 호그에게 "우리의 감사는 그 분[하나님]의 백성들로 인한 것

---

41 Edwards, "116. To the Reverend Peter Clark," WJE 16:346.

42 Jonathan Edwards, "117. To the Reverend John Erskine," WJE
    16:355.

입니다. 그들은 사랑과 친절의 영을 하나님에게서 받았습니다. 이로 인해 더욱 특별한 감사를 당신에게 드립니다"[43]고 한다. 이 외에도 에드워즈는 자신의 고통과 어려움 가운데 멀리 떨어져 있지만 자신이 당한 슬픈 일에 대해 마음을 써주고 위로해주었던 그들의 따뜻함과 친절함에 감사를 여러 편지와 글에서 드러내고 있다.[44] 이처럼 에드워즈에게 그리스도 공동체는 우는 사람들과 함께 울고 함께 슬퍼하는 모임이었다.

(3) 에드워즈의 통합적 시각

에드워즈의 고통 이해를 통해 우리가 알 수 있는 것은 그가 인간 이해에 있어 전인(全人)적인 이해를 추구하며 하나님의 대표적인 두 사역, 섭리사역과 구속사역에 대해 통합적 시각을 유지한다는 점이다. 톰 라이트(N. T. Wright)는 『하나님과 팬데믹』(God and the Pandemic, 2020)에서 "현대 서양인들은 섭리교리(하나님이 세상에서 일어나는 모든 일을 전반적으로 감독하신다)와 속죄 교리(하나님이 예수님의 죽음을 통해 죄를 사하신다)를 갈라놓았다. 신약성경은 그렇게 하지 않는다. 예

---

43   Jonathan Edwards, "132. To William Hogg," WJE 16:392.

44   Edwards, "130. To the Reverend Thomas Gillespie," WJE 16:387.

처음 공부하는 조나단 에드워즈

수님이 그렇게 하시지 않았다"[45]고 지적한다. 물론 근대 의학이 발달하면서 섭리교리와 속죄 교리를 자연히 구별해야할 필요가 생겼지만 이를 요사이는 지나치게 구별한 나머지 개별적인 사항으로 인식해 버리는 것이 문제이다.

오늘날과 달리 근대 이전 우리 신앙의 선조들은 하나님의 섭리와 구속의 교리를 구분하지 않고 통합적인 것으로 보았다. 통합적 시각으로 인해 질병과 고통의 문제를 무조건 하나님의 징계로만 해석할 수 있는 기계적인 인식에 대해서는 주의를 필요로 한다.[46] 하지만 에드워즈는 계몽주의운동 가운데 과학과 의학의 가능성을 충분히 인정하면서도 질병과 고통의 문제를 섭리적인 관점과 함께 구원의 문제와 연결하고자 했다. 마이클 맥클리먼드(Michael J. McClymond)와 제럴드 맥더모트(Gerald R. McDermott)에 따르면, 에드워즈의 저술인『구속사』(History of the Work of Redemption)는 역사 전체를 조망하면서 하나님의 섭리 계획 전체가 구속사역으로 환원될 수 있음을 보여주고자 했다.[47] 세부적으로도 에드워즈는 부흥의 역사를

---

45 N. T. Wright, 『하나님과 팬데믹』, 이지혜 역 (서울: 비아토르, 2020), 58-59.

46 이상규, "중세 흑사병은 하나님의 징계였을까?," 『전염병과 마주한 기독교』 (군포: 다함, 2020), 37.

47 Michael J. McClymond and Gerald R. McDermott, The Theology of Jonathan Edwards (Oxford and New York: Oxford University

기술하면서 성령의 임재로 인한 영적인 부흥이 육체적 건강의 문제와도 연관되어 있음을 기술하기를, "마을에 살았던 이후로 가장 건강한 시기였다. 일반적으로 주일마다 아픈 환자들을 위해 여러 장의 공고문을 붙여놓곤 하는데, 이때는 수 주일간 [공고문] 한 장도 찾아보기 힘들었다"[48]고 한다. 영원한 생명을 십자가 구속을 통해 허락하시는 하나님께서는 우리를 향한 선한 뜻을 가지고 질병과 고통의 문제도 자신의 통치 하에 두고 있음을 주장한다. 동일한 맥락에서 이미 살펴보았던 것처럼, 에드워즈는 사랑하는 제루샤를 갑자기 질병으로 데려가시자 이를 영적 부흥을 위해 일하시는 하나님의 사역으로 해석하기도 했다.

에드워즈의 질병과 고통에 대한 전인적이고 통합적 이해는 자신의 독특한 존재론인 관계적 존재론(Relational Ontology)에 그 신학적 기반을 두고 있다. 그에 따르면 모든 창조물 사이에는 관계적 조화와 질서, 일치가 존재한다. 이 원리는 자연 세계뿐 아니라 영적 세계에도 적용되며 두 세계 사이에서도 일치와 조화를 이루고 있다. 그의 독특한 모형론에서 확인할 수 있듯이 에드워즈에게 "자연세계는 영적 세계의 그림자"가 된다. 결국 이 세상에서 경험하는 고통과 질병의 문제는

Press, 2012), 230.

48   Edwards, "A Faithful Narratives," WJE 4:205.

처음 공부하는 조나단 에드워즈

에드워즈에게 하늘나라와 영적인 문제와는 결코 분리될 수 없는 통합적인 문제로 인식된다. 그렇다고 해서 에드워즈는 육체의 중요성을 결코 간과하지 않는다. 그는 육체의 건강이 얼마나 중요한지를 자주 보여주는데 앞에서도 살펴본 것처럼, 자신의 딸 에스더가 질병 가운데 극심한 고통을 당하자 그의 건강을 유지하도록 권고하면서 방울뱀과 인삼이 몸에 좋다는 당시 통용되던 민간요법을 가르치고 있으며 자신의 건강도 당시 내려오는 전통을 통해 지키고자 함을 보여준다.[49] 이외에도 그는 브레이너드가 영적인 인디언 사역에 충실하면서도 자신의 몸은 더 잘 관리하지 못한 부분에 대한 아쉬움을 기록으로 남기고 있기도 하다. 이는 헤르만 바빙크(Herman Bavinck, 1854-1921)가 언급한 "이원적 총체론"(Dualistic Holism)이나 안토니 후크마(Anthony A. Hoekema, 1913-88)가 말하는 "영육 통일체"(Psychosomatic Unity)와 같이 에드워즈가 인간의 영혼만큼이나 육체가 얼마나 중요한 지를 잘 인식하고 있었음을 잘 보여준다.[50] 고통의 문제는 육체와 영혼, 심장과 마음 등을 서로 상반되는 개념으로 볼 것이 아니라 전인적인 관점(holistic

---

49 Edwards, "165. To Esther Edwards Burr," WJE 16:577.

50 Herman Bavinck, *Reformed Dogmatics* II, trans. John Vriend (Grand Rapids, MI: Baker Academic, 2004), 559; Anthony A. Hoekema, *Created in God's Image* (Grand Rapids: Eerdmans, 1986), 217.

perspective)에서 보아야 하는 것이다.

18세기 뉴잉글랜드를 살았던 에드워즈는 기독교적 밀레니엄과 천국에서의 삶에 대한 소망에도 불구하고 인생에서 질병과 죽음의 문제를 일상적으로 경험해야 했다. 자신의 허약한 체질과 질병, 사랑하는 자녀와 지인들의 안타까운 죽음, 전쟁의 두려움, 목회의 실패에서 온 절망감 등과 같은 여러 고통의 문제들과 씨름해야 했다. 그는 하나님의 섭리 관점으로 질병과 고통의 문제들을 인식하며 자기 피조물의 행복을 추구하시는 그분의 선하신 뜻을 소망하는 가운데 그리스도를 모범으로 삼아 다양한 고통의 문제를 참아내고 견뎌낼 수 있었다. 또한 자신과 마음을 나누는 동료들과 서신교환을 통해 여러 고민들을 상의하며 서로 격려하였다. 이는 특별히 그에게 큰 용기와 위로를 주었다.

이 과정에서 에드워즈는 청교도 전통을 따르며 하나님이 행하시는 사역으로 섭리와 구원 사역을 밀접하게 연결시키는 통합적인 관점으로 여러 고통의 문제를 인식하고 영과 육이 긴밀히 연결된 유기체로 인간을 보는 전인적인 관점에서 이해하고 있다. 일상과 구원, 몸과 영혼의 문제를 하나님의 주권과 섭리 아래에서 함께 바라보았던 것이다.

현재 팬데믹 상황을 맞아 상당히 오랜 기간 아픔과 고통을 겪고 있는 대혼란 가운데에서 우리 그리스도인들은 무엇보다 먼저 에드워즈와 청교도들이 보여준 모범과 같이 하나님의 섭리 가운데 선하신 그 분의 뜻을 구하며 최종적으로는 하나님이 성취하실 구원을 바라는 기독교적 소망 가운데 참고 견디며 기독교 공동체 안에서 사랑으로 함께 슬퍼하고 함께 위로해야 할 것이다.

(4) 더 읽어볼만한 책

에드워즈의 고통의 문제에 대해서는 다음 책들이 도움이 될 것이다.

Edwards, Jonathan. *Letters and Personal Writings.* The Works of Jonathan Edwards Vol. 16. edited by George S. Claghorn. New Haven: Yale University Press, 1998. 에드워즈가 자신의 자녀들이나 동료 목회자들과 개인적으로 편지한 내용들을 통해 그가 겪은 고통의 현실과 심적 갈등을 볼 수 있다.

Marsden, George. *Jonathan Edwards*: A Life. New Haven and London: Yale University Press, 2003. (번역본)『조나단 에드워즈 평전』한동수 역. 서울: 부흥과 개혁

사, 2006. 22장(시련) 부분.

Marsden, George. *A Short Life of Jonathan Edwards.* Grand
　　Rapids and Cambridge: Eerdmans, 2008.
(번역본)『조나단 에드워즈와 그의 시대』정상윤 역. 서울: 복있
　　는 사람, 2009. 7장 (갈등하는 세계) 부분.